汪辜会谈

汪辜会谈二十周年纪念版

范丽青 著

华艺出版社
HUA YI PUBLISHING HOUSE

图书在版编目（CIP）数据

汪辜会谈 / 范丽青著. —北京：华艺出版社，2013.4
ISBN 978-7-80252-422-4

Ⅰ.①汪… Ⅱ.①范… Ⅲ.①台湾问题 ②统一战线工
作—中国 Ⅳ.①D618

中国版本图书馆CIP数据核字(2013)第061748号

汪辜会谈

著　　者：范丽青
出 版 人：石永奇
策　　划：刘　泰
责任编辑：郑治清　刘丽莉
装帧设计：王　烨
出版发行：华艺出版社
社　　址：北京市海淀区北四环中路229号海泰大厦10层
电　　话：010-82885151
邮　　编：100083
电子信箱：huayip@vip.sina.com
网　　站：www.huayicbs.com
印　　刷：北京天正元印务有限公司
开　　本：1/16
字　　数：200千字
印　　张：14.5
版　　次：2013年4月北京第二版第一次印刷
书　　号：ISBN 978-7-80252-422-4
定　　价：36.00元

　　1993年4月27日，海协会会长汪道涵与海基会董事长辜振甫在新加坡海皇大厦举行"汪辜会谈"首次会议。

编者的话

今年是"汪辜会谈"20周年。20年前，海峡两岸关系协会汪道涵会长与海峡交流基金会辜振甫董事长，在新加坡正式举行了举世瞩目的"汪辜会谈"。"汪辜会谈"是自1949年两岸分隔40多年后，双方官方授权的高层人士首次正式直接接触，在为期三天的历史性商谈中，两岸双方签署了《汪辜会谈共同协议》等四项协议，开启了海峡两岸在一个中国原则基础上协商处理两岸问题的先河，在两岸关系发展史上书写了浓墨重彩的一页。

"汪辜会谈"是两岸在"九二共识"基础上展开平等协商与对话的一次成功实践，受到海内外同胞的高度赞誉与国际社会的普遍关注。"汪辜会谈"之所以能够实现，关键在于两岸双方坚持了一个中国的基本立场。1992年10月，两会经两岸分别授权，达成各自以口头方式表述双方均坚持一个中国原则的共识，建立了两岸协商的政治基础，打开了"汪辜会谈"的机会之窗。"汪辜会谈"的成功经验证明，只要认同两岸同属一个中国，坚持"九二共识"，两岸就有了政治互信和协商基础，就能够展开平等商谈，向前推进两岸关系良性发展。

时光荏苒，"汪辜会谈"20年来两岸关系发展跌宕起伏，两会协商坎坷曲折，期间既有受"台独"分裂势力干扰被迫中断近9年的遗憾，又有在"九二共识"基础上恢复商谈并在短短不到5年时间即取得丰硕成果的欣慰。汪辜首次会谈后，李登辉1995访美进行在国际上制造"两个中国"、"一中一台"的分裂活动，破坏两岸商谈的政治基础，两会后续商谈一度无法继续；1998年，在祖国大陆强烈反对"台独"和采取积极措施推动下，台湾当局重新确认一个中国的立场，促成了辜振甫参访大陆，汪辜二度会晤，两岸双方正式开启政治对话。但是1999年7月，李登辉公开抛出"两国论"，两会商谈因政治基础不复存在而搁置。2000年陈水扁上台后，拒不接受一个中国原则，否定"九二共识"，大肆推行"台独"分裂活动，将两岸关系推向危险的边缘，两会商谈根本不可能恢复。直到2008年，台湾局势发生重大而积极的变化，民进党"台独"政权垮台，反对"台独"、认同"九二共识"的国民党重新上台执政，两岸关系出现历史性转折，迎来和平发展的重大历史机遇。2008年6月，在坚持"九二共识"的共同基础上，两会重续前缘，迅速恢复了中断9年的商谈，截至2012年共举行了八次会谈，签署了18项协议，达成了两项共识，解决了诸多关系两岸同胞切身利益的实际问题，推动了两岸直接双向全面"三通"的实现，推进了两岸交往合作的制度化，两岸关系进入了和平发展的轨道。回顾历史不难发现，"汪辜会谈"的历史经验与两岸双方表现出的政治智慧弥足珍贵，至今仍有很强的现实意义。

"九二共识"怎样达成，精神实质为何？"汪辜会谈"如何促成，后续怎样发展？我社1993年出版、1997年再版由时任新华社记者范丽青同志编著的《汪辜会谈》，全景展示了"汪辜会谈"的历史画卷。该书采撷"汪辜会谈"前后海内外的相关报道与评论，揭示了两岸高层接触交流的历史背景，理清了两岸达成"九二共识"的来龙去脉，原汁原味地还原了"汪辜会谈"全过程，展示了两岸求同存异、平等协商的政治智慧，也展示了李登辉推动"汪辜会谈"背后潜藏的政治算计，以及民进党等"各种"势力对"汪辜会谈"的干扰破坏，其史料价值与现实意义历久弥新。值"汪辜会谈"20周年之际，我们再次再版《汪辜会谈》，不仅意在缅怀汪、辜二老，更是要以史为鉴，希望两岸双方站在全民族利益的高度，增进维护一个中国框架的共同认知，增进两岸同胞一家人的相互认同和感情融洽，携手努力不断开创两岸关系和平发展的新前景！

2013年元月 编者

目　录

前　言

这是一个挑战与机遇并存的时代。

当1991年12月26日世界两强之一的苏联解体之后，第二次世界大战后持续了几十年的以美苏两霸为首的两极冷战结构终于结束，世界进入了向多极化发展的转折时期，国际新秩序尚在形成之中。曾于冷战时代处于对立的海峡两岸，面临着在一个中国的大格局内，如何适应新形势，寻求建立新型的两岸关系的时期。

环顾世界，国际经济的和平发展仍然是世界的主题，多国均较以往更为重视本国经济发展，国际经济交往异常活跃，其一体化与区域化、集团化都在交织发展。在这样的视野中，统一的国家致力于经济区域的整合，分裂的国家也努力寻求一致，或已经统一、或正在统一、或将统一列入议事日程。

那么，为中国完全统一奋斗了一百多年的中国人，在这样的世界历史转折关头会做出何等的选择呢？是和平统一与合作发展，还是敌对分裂与内耗衰弱？

中国人早就做了选择。1979年全国人大常委会发表《告台湾同胞书》，先于世界而尝试用"和平统一、一国两制"实现中国统一，八年之后，台湾当局终于在1987年开放民众赴大陆探亲。自1979年以来，两岸民众往来近400万人次，贸易金额在1992年已达70多亿美元，台湾资金对大陆的投资累计近百亿美元。世界正在议论：一个包括中国大陆、台湾地区、港澳地区及海外华人经济在内的"大中华经济圈"是否已具雏形？

让中华民族屹立于世界之林，这是绝大多数中华民族子孙的百年期待，也是无数革命先烈的流血奋斗。而民族复兴的必须条件，是实现国家的统一。这也是绝大多数中国人的愿望与选择。如今，历史提供了一个这样的机遇，它使两岸和缓、携手合作变为可能和必须。中国随着深化改革、扩大开放带来的高速发展，已成为亚太地区最具影响力的经济动力之一。大多数人都体会到，海峡两岸置身于亚太区域经济之内，互补互利，携手合作，才能更好地共同发展，在世界经济竞争中立于不败之地。

机遇的另一面是挑战，来自于政治层面对中国统一观的挑战。世界两极化结束之后，各种国际活动空间增大，一些国家"以台独制衡台湾当局、以台湾当局制衡中国（大陆）"的策略浮现。另一方面，此时的台湾，恰逢台湾当局主导进行的岛内政治权力转移已到了最终完成之际，以李登辉为主导的新的领导集团的确立，使台湾当局得以将近年来集中于内争的精力转移到了对外国和大陆工作上，在加快大陆政策步伐的同时倾力推行"双重承认"、"一国两府"。台湾当局对台湾问题国际化的幻想增加，尤其在"参与联合国"、谋求"对等政治实体地位"等问题上加紧活动，"台独"活动和气焰在岛内嚣张。由此可见，不利于中国统一的因素也在滋长中。

"汪辜会谈"在这样的时代气氛中诞生了。它始一提出，便引起世界关注，更在中国人的社会里尤其是台湾岛内引发一波波的震荡，赞成与反对的声音交织，支持与阻扰的行动交缠。经过一年半时间的震荡折冲，会谈终于得以举行并取得成果，标志着海峡两岸关系已跨出重要的历史性的一步，谈判时期到来的可能性大大增加了。

事物的发展不会一帆风顺，"汪辜会谈"期间，台湾朝野所表现出的种种负面反应与企图心，也为日后中国的和平统一之路埋下一处处障碍沟渠。但无论如何，"汪辜会谈"是两岸关系史上的一块里程碑，它从各方面来说，都将对中国的统一事业产生重大影响。

　　本书特撷取海内外围绕"汪辜会谈"所进行的各种报道、评论，编撰成书以飨读者，并为历史留下雪泥鸿爪。书中名词不尽统一，如会谈名称，大陆方面称"汪辜会谈"，台湾方面称"辜汪会谈"；对于台湾一些官方机构的名称，大陆方面报道时打上引号，台湾方面报道时则不打引号。诸如此类，留其原貌，存其真实。敬请读者明辨。

第一部分

漫长会谈路

两航谈判与金门协议

　　海峡两岸有关方面首开谈判始于1986年的华航货机事件。1986年5月3日，台湾中华航空公司B198号货机在自泰国曼谷经香港回台途中，突然调转方向，飞往广州白云机场降落。货机机长王锡爵走出机舱后表示，他因思念家乡和在大陆的亲人而驾机飞回大陆。同机的另有一名副机长和一名领航员。

　　王锡爵是四川人，1949年随国民党空军学校迁台，家乡尚有父亲及兄弟多人，因四十年未能见面，思念情切，此时台湾当局尚未开放台胞赴大陆探亲，王锡爵迫不得已利用飞航之便驾机返回。

　　由于王锡爵曾服役于国民党空军多年，在50年代还曾在美国人的指挥下，驾驶"U2"侦察机到大陆沿海地区低空侦察骚扰。这样的人做出了台湾当局视为"叛逆"的举动，台湾方面在王锡爵事件之初百般不肯相信，一再猜测指称，王锡爵是"遭挟持"。

　　王锡爵在白云机场落地之后，根据本人的意愿，他迅速被送到北京，华航货机和另两名航空人员则留滞广州。王锡爵到京之后召开记者会，公布了他飞回大陆的动机和心境，以及他为飞回大陆而采取的非常手段。原来，王锡爵对驾机回大陆早有准备，选定了时间和路线。他说，他驾机回来纯粹为了思亲情切，海峡两岸隔绝，亲人无从相见，他为人之子却无从尽孝于父母，故出此下策。此谋早在数年前就已起意，但因不想连累他人，故一直延至他调任货机机长后才下了决心。在上空调转方向之时，他曾企图说服同机的两名飞航人员，但二人对他飞回大陆的行动不表赞成，于是王锡爵对他们采取一点"暂时委屈"的措施，将二人的手扣在飞行椅上，并答应只要自己实现了回乡的目的后，一定协助他们二人返回台湾。

王锡爵亲身说明事件真相后，在台湾高层引起不小的震动。台方在情理上理屈词穷，无法再指责王的"叛逆"，只能变为经营"如何索回华航波音货机和接回另外两名飞航人员"。

经过约半个月的反复考量，据说最后经蒋经国亲自点头下令，华航与中国民航为解决货机事件而举行的两航谈判终于确定。

1986年5月17日至5月20日，海峡两岸分别由中国民用航空局香港办事处经理张瑞普为主谈代表和中华航空公司香港分公司经理钟赞荣为主谈代表的"两航谈判"在香港举行。这是海峡两岸隔绝近四十年来的首个谈判，虽然台方一直强调谈判是"事务性、个案性质"的，但谈判受到了海内外一致的高度重视，具有划时代的历史性的政治意义。这是海峡两岸后来一系列接触和商谈的开端，并且是台湾民众奋力敲开两岸探亲之门的第一块敲门砖。

谈判的结果是，双方达成了在香港交接人机协议，并由两航签下"会议纪要"和关于交接程序及有关事宜的"附件"等文件。华航还提交了一份"备忘录"，声称他们保留要求接回王锡爵的权利。

两航谈判的成功并达成台湾方面认为满意的成果，在台湾内外也引起很大的轰动效应。舆论认为，四十年来与中共进行的第一个谈判的成功，打破了国民党台湾当局长期营造的"恐共"心理，使台湾广大民众认识到，原来中共并不可怕，两岸是可以通过谈判来解决问题的。

"两航谈判"解决的是事涉两岸的突发性事件，而1990年9月间举行的"金门谈判"，则已发展到解决具有长期性质的遣返私自入境人员的两岸合作问题。

1990年7-8月间，台湾有关方面在遣返私自入台的福建沿海居民时，接连发生两起惨案，46名被遣返者命丧黄泉。在舆论压力下，台湾当局不得不同意就海上遣返事宜举行两岸商谈。"闽平渔事件"促成了两岸继1986年"两航谈判"以来第二次针对具体事务接触谈判，并签下了第一个长期合作执行的事务性协议——《金门协议》。

1990年7月22日凌晨，出海的福建省平潭县澳前镇光裕村渔民发现一艘搁浅渔船，登船后打开两个被密封钉死的船仓，赫然发现一堆横七竖八的尸体，其状惨不忍睹。平潭县人民政府得悉后立即派员赶赴现场，共发现25具尸体，仓中唯一的幸存者林里城也已奄奄一息。经法医鉴定，25名死者全系缺氧窒息而死。

经全力抢救后林里城脱险。根据他的讲述和现场察看，这一惨案的经过是这样的：这艘渔船是7月中旬到台湾做生意时被抓扣的。台湾方面7月22日下午在宜兰澳底将私自渡海入台被陆续抓扣的大陆同胞，用黑布蒙住双眼强行关进船仓，随即用六寸长的全新圆钉横向、竖向地将船仓顶盖封死，并压上木头段等重物。由台湾舰艇押返驶向平潭。每个船仓仅一米来高、三米见方，被关进的几个人只能挤蹲在一起，缺氧缺水，闷热异常，很快就感到呼吸不畅。求生的本能驱使被关押者用头顶、手砸试图把封死的舱盖打开，但直至头顶破了、手掌击烂了甚至胳膊撞断了也未能掀动舱盖，就这样被关者一个个痛苦地死去。林里城是因偶然发现船仓隔板上一绿豆大的小孔，贴近呼吸才得以尚存一息。

台湾有关方面人为制造的这一极不人道的命案，在大陆沿海人民中引起极大愤慨。平潭县人民政府负责人指出，台湾方面人为制造如此残酷的大型命案，理应受到海峡两岸人民的谴责。台湾当局必须严肃处理此案，追查肇事人员，保证今后不再发生类似事件。

这一消息由新华社于8月3日报道之后，在海内外引起极大震动，台湾岛内舆论哗然，各界纷纷质疑当局对大陆私自入台者的遣返方式。负责此事的有关方面则竭力否认其遣返方式不人道，并由台湾省警备总部在遣返点向台湾新闻界"公开遣返作业",试图洗刷责任。另一方面又试图将台湾各界的谴责导向大陆,一指新华社报道不实;二指被遣返者互相斗殴致死。

新华社再次派记者前往平潭县进行细致调查,于8月21日发表长篇报告,报告了"闽平渔5540号"惨案真相:

7月22日清晨,平潭县澳前镇光裕村渔民在海滩上发现了搁浅的"闽平渔5540"号渔船。他们登船察看时发现有两个船舱各被两大块舱盖封住,但各已撬开一块,只一块仍牢牢钉着,舱中都有尸体,就迅速向县公安局和边防部门报告。公安、边防人员赶到现场后,立即撬开封死船舱的其余木板。由于这些木板钉得极牢,钉舱的铁钉长15.5厘米、直径0.6厘米,在场人员用铁扳手、木棍等足足撬了半个多小时。在这两个舱中一个有11具尸体,另一舱中有14具尸体和一名奄奄一息的幸存者。幸存者随即被送往县医院抢救。当天14时30分,县公安局的法医对这25具无名尸体编号后依次进行法医学检查,发现这些尸体上均无可以致命的暴力损伤痕迹,但都有呈暗紫红色的显著尸斑,死者颜面青紫肿胀,眼睛红肿、眼球、眼睑结膜淤血或充血。由于尸体都被发现在狭小、高温、湿度大、原来被密封的船舱内,因而认定25名死者均系缺氧窒息死亡。

平潭县公安局对发现尸体和验尸的过程进行了拍照、录相,并组织群众辨认。25具尸体被家属认领的有18具,其中平潭县8具,长乐县4具,福州市仓山区和福州市郊区6具。死者大都是7月上、中旬私自渡海去台的。7具尸体身份不明。因暑天保存困难,尸体均已火化。

平潭县公安局在组织群众辨认尸体的同时,组成专案组,由福建省公安厅、福州市公安局和福建省、福州市边防部门协助,全力查找"闽平渔5540"号的生还者,以便进一步弄清事实真相。经过多方努力,现已查找到关压在舱内幸免遇难的生还者26名(包括船舱中救出的一名幸存者)。据这些幸存者提供的材料,"闽平渔5540"号渔船上共有被台湾有关单位遣返的私自渡海入台者76人，其中除了13名船工，被关押在船舱内的遣返者为63人，除去已经找到的生还者，尚有22名幸存者还在继续查找中。县公安局有关人员说，由于这些生还者来自附近几个县、市，相互间都不认识，渔民的流动性又大，因而查找费时费事，他还指出，为确保事实准确，县公安局对所有生还者提供的情况都反复作了核对，这一工作是十分慎重的。这些幸存者对台湾有关单位以极不人道方式遣返他们经过的叙述都是一致的。记者访问部分生还者时，他们的叙述同他们初期向公安局提供的情况也相一致。

"闽平渔5540"号是一艘载重量18吨、120马力的木质渔船，7月12日从平潭县白青乡玉堂村海滨起航，载运价值5万元人民币的酒类和中药材等，由船老大游经用等6人驾驶去台湾贸易，被台湾有关单位扣留，船上6名人员至今下落不明。7月21日，台湾有关单位指令驾驶另一条船私自去台的平潭县澳前镇光裕村民林茂惠等13人，用"闽平渔5540"号将一批私自去台人员送回平潭。

这次事件的生还者、福州郊区琅岐乡25岁的林里城等人向记者介绍说，7月22日上午，台湾军警人员把被他们关押的福建省私自渡海入台人员123人，用黑布蒙住双眼集中押至宜兰澳底，分别装在"闽平渔5540"号船和另一艘40马力的小船上，然后解除蒙眼黑布，由国民党海军舰艇押送驶回大陆。船开一个多小时后，小船机器出现故障，国民党军舰下令"闽平渔5540"号船将小船拖回澳底，船上人员被重新押解上岸，关进拘留所。下午14时许，台湾军警人员对被遣返者经过一番调整，又按上午做法将其中63人押解到"闽平渔5540"号上，分别强行关进四个船舱中。

林里城回忆说："当时我们20个互不相识的人被台湾军警用一寸多宽的透明胶纸向前交叉绑住双手。一群全副武装的台湾军警，用木棒把我们一个个硬赶下舱。不一会儿，我看见把我赶下舱的那个台湾军人，用篮子提来一大包崭新的铁钉，一根一根地递给船工，强令他们把舱盖钉上，这个人是短发，穿军装式样的上衣，下穿黄色带有两道白杠的运动裤，脚穿白色运动鞋，身上背着冲锋枪和子弹，由于他曾打过我两次，所以我对他印象特别深。钉了一会儿，有两根钉子掉进船底，我拣起一看，这是大号铁钉，这种钉我在桃园做工时多次用过，在桃园的五金店里就可以买到。"

生还者平潭县渔民周孙凤、黄家寿、杨绍雄等提供的材料说，有的船工在被迫钉死舱盖时，因钉子太长，钉到一半就弯了，台湾军人把这些船工打了一顿，强迫他们把钉子全部钉下。船舱全部钉死后，台湾军警还命令船工在出海后不能打开。

记者登上"闽平渔5540"号察看了关闭遣返者的船舱。这艘船长17.5米，最宽处4.37米，分前舱、机舱、后舱三部分，前舱又分七个舱，其中前三个舱没有关人。记者一进入关押被遣返者的舱内，顿觉憋闷难忍，个子稍高的人在舱内欲站不能，欲蹲不下。船舱两边最矮处只有0.76米，人即使坐在舱底，仍要用力低下头。

根据生还者提供的材料，这艘船前舱的第四舱关押5人，据县公安局人员和记者共同丈量计算，这个舱的总空间为2.8立方米，每人平均空间约为0.56立方米，舱盖被竖着钉上14根铁钉；第五舱关15人，总空间为3.6立方米，每人平均空间约为0.24立方米，竖钉铁钉15根，又横钉6根；第六舱总空间4.9立方米，关20人，每人平均空间约为0.245立方米，舱盖上被竖钉铁钉17根，又横钉6根；第七舱总空间5.8立方米，关23人，每人平均空间约为0.25立方米，竖钉铁钉15根。这样多的人被强行闷憋在如此狭小的空间内，其后果是完全可以预料的。

生还者的叙述和平潭县公安局撬开"闽平渔5540"号舱盖时的现场情况都表明，船舱是被两块舱板钉在一起钉死的，个别地方虽有极小的缝隙，但这些缝隙对通风无济于事。林里城说："我们这么多人硬挤在一个小舱内，不到一个小时就口干舌燥，心如火燎，直感到人象要被闷死一样，虽然张大嘴巴拼命呼吸，仍是胸闷气短。为了活命，我们这些人曾拼命呼救，后又想用头顶开舱盖，有的用手拼命抠，但尽管有的顶破了头，有的断了指甲，仍然无济于事。船航行一段时间后，我眼睁睁地看着一个60多岁的老人首先倒下去，接着又有其他人倒下。起初，我虽然侥幸地靠船舱隔板上一条小缝透进的一点空气勉强呼吸，但过不多久，我也什么都不知道了。"而被关在第七舱的幸存者王家寿告诉记者，由于第七舱的位置紧靠驾驶台，刚好可以挡住台湾押送舰艇的视线，所以天刚昏黑，船工就冒险打开了这个舱的舱平面，被关押在内的23名被遣人员马上躲进驾驶台，才全部幸免一死。

由于第四舱只关了5人，每人平均空间稍多，所以打开时5人全部活着。而第五、第六舱由于人多，平均每人占有空间太小，终于造成25人窒息死亡。

据生还者说，7月22日船到达平潭海滩搁浅后，船工等打开第五、六舱时发现有人死亡，吓得全部逃散。这一起惨案，就这样由台湾有关方面一手制造出来。台湾军政当局难逃残害大陆同胞的罪责。

惨案发生后，台湾的有关单位和一些报纸曾散布说，死亡者可能是由于被遣返者争食争水、争船的所有权或因地域帮派纠纷而互相打斗致死的。这些妄图为台湾有关单位开脱罪责的谎言是完全站不住脚的。验尸的结果证明，死者只有用头顶、手抠舱盖留下的伤痕，并无致命的外伤。所有幸存者都否认船上曾发生过斗殴。在站都站不直、一动都动不了的狭小舱内发生可致25人死命的大规模斗殴，则根本无此可能。

平潭县公安局人员指出，这次惨案的死难者和幸存者已弄清身份的共34人，其地区分布为：平潭县13人，长乐县5人，福清县2人，福州市仓山区和郊区14人。上述情况根本不能说明存在着地域或帮派纠纷甚至会因而造成大规模死亡事件的可能性。

　　一波未平，一波又起。台湾当局尚未对闽平渔5540号的死难者家属作出交代，8月13日台方的遣返作业再次发生人命惨剧。载有50名被遣返者的大陆渔船"闽平渔5202号"在驶回福建途中，与押送的台湾军舰相撞，断成两截。50人全部堕落海中，后29人被救起，其余21人失踪，事后证实已葬身大海。

　　对于此案，台湾报纸报道说，幸存者中的20人在受到台湾有关人员询问时都说，台湾军舰是为闪避一艘台湾渔船而把"闽平渔5202号"撞断的。台湾军方却竭力掩盖真相，只是无法自圆其说，破绽百出。

　　台湾军方三次发布新闻指称，大陆渔船是因"突然加速并左转，想冲回岸上而被撞沉的"。又说是由于渔船的大副林金灿上厕所将船只交给不谙舵性的人掌舵致使渔船被军舰撞沉，后来则说林金灿已上完厕所接替掌舵但故意使渔船接近军舰"意图肇事"。台湾军方在撞沉渔船后一直把生还者与外界隔离开来，并把林金灿扣押6小时作"笔录"，要他承认"意图肇事"。但林金灿对台湾军方人员意图栽赃的提问"为何不听广播，加速抢船头"，先是拒绝作答，后来明确否认，并拒绝在"笔录"上签字。生还者林建龙谈到，"大陆渔船速度很慢，在后监视的巡逻艇'五五二'与'五五八'叫船老大加快速度，船老大竖起大拇指，示意已到极速，不能再快，海军还认为船老大故意捣蛋，向渔船砸了一支汽水瓶，渔船既已用九成马力行驶，那有可能突然加速左转逃逸？"一名获救者还指出，关着被遣返者的渔船船仓上都钉着木板，船被撞沉前，原先被关在仓中的一些人已弄掉封仓木板登上船面，否则船被撞沉，无法逃生，死难人数将更多。

　　这一惨案再次震动台湾社会，台湾的"监察委员"王玉珍等到国民党"海军总部"和台中关押私自渡海入台者的"靖庐"了解情况，但"负责接待的单位事事遮掩"，连当时在场的"国防部长"陈履安"都看不过去"，只好"亲自打圆场"。在"靖庐"，"军方还是将大陆客予以隔离，不让记者与他们交谈"，后来让生还者举行记者会，但记者们"发现此记者会记者并不能（向生还者）发问"，而只能由"监委"对生还者"做精神讲话"，生还者"无一人发言"。王玉珍在"基隆第三军区"了解情况时向记者表示，台湾军方与生还者的说法"出入很大"。

两起惨案46条人命令人心惊，台湾各界疑虑重重。报界连续以大量篇幅发表报道和评论，要求当局负起责任。舆论指出，"我们岂能再用'遗憾'二字一笔带过"，"这次近乎发生在众目睽睽之下的翻船惨剧，已使有关方面对遣返作业的一切说词，一切掩饰，全部归于破灭"。

新华社也发表评论员文章指出，两起惨案正是台湾当局极其错误的"大陆政策"的必然结果。台湾当局必须对惨案负责，必须尽快作出使大陆同胞可以接受的交代，包括惩办责任者，认真处理善后，并采取切实措施，保证今后不再发生类似事件。

在长达近两个月的海内外舆论压力下，台湾当局终于派出红十字会代表，前往平潭处理善后。在大陆方面一再建议和敦促下，海峡两岸红十字组织代表韩长林、陈长文等于9月中旬在金门，对双方参与见证其主管部门执行海上遣返事宜举行闭门商谈，经充分交换意见后，达成协议。

协议如下：

一、遣返原则：
应确保遣返作业符合人道精神与安全便利的原则。

二、遣返对象：

（一）违反有关规定进入对方地区的居民（但因捕鱼作业遭遇紧急避风等不可抗拒力因素必须暂入对方地区者，不在此列）。

（二）刑事嫌疑犯或刑事犯。

三、遣返交接地点：

双方商定为马尾—马祖（马祖—马尾），但依被遣返人员的原居地分布情况及气候、海象等因素，双方得协议另择厦门—金门（金门—厦门）。

四、遣返程序：

（一）一方应将被遣返人员的有关资料通知对方，对方应于二十日内核查答复，并按商定时间、地点遣返交接。如核查对象有疑问者，亦应通知对方，以便复查。

（二）遣返交接双方均用红十字专用船，并由民用船只在约定地点引导。遣返船、引导船均悬挂白底红十字旗（不挂其它旗帜，不使用其它的标志）。

（三）遣返交接时，应由双方事先约定的代表二人，签署交接见证书。

五、其他：

双方应尽速解决有关技术问题，以期在最短期间内付诸实施。如有未尽事宜，双方得另行商定。

1990年10月8日，根据"金门协议"而实施的第一次海上遣返工作顺利进行。遣返交接地点在马祖岛的南竿塘澳口，由福建省红十字会派出专用船前往接人。下午2时半，第一批55名私自渡海入台的大陆居民从马祖回到福州市马尾港。此后，交接遣返工作不定期地延续了下来。

海协与海基会

关于台湾海峡交流基金会

　　1990年11月21日，台湾当局策划组建的中介团体"财团法人海峡交流基金会"（以下简称海基会）正式成立。11月21日，海基会召开捐助人会议，推举董事42人、监事6人；随后举行第一届董监事第一次会议，通过《海基会捐助及组织章程》，推举辜振甫任董事长，许胜发和陈长文为副董事长，聘请陈长文为秘书长，同时还聘请前"行政院长"孙运璿为名誉董事长。海基会于1991年2月8日办妥法人登记手续，3月9日正式挂牌，开始工作。

　　海基会以民间财团法人基金会的形式出现，接受台"行政院大陆委员会"（以下简称"陆委会"）的委托，办理台湾当局"不便与不能出面的两岸事务"，"陆委会"副主委马英九说，海基会是"行政法"所谓的"准行政实体"。辜振甫、许胜发都是国民党中常委，陈长文是"行政院"顾问、"国防部"、"外交部"、"教育部"、"中央银行"法律顾问。"陆委会"准备将近百项技术性、事务性工作分批委托海基会处理，但规定海基会不得"从事任何政治性的谈判与接触"。海基会将以与"陆委会"签订契约的形式接受委托。只要是涉及人民权益的两岸民间交流事务，都是海基会的服务对象。

　　《海基会捐助暨组织章程》规定，该会"以协调处理台湾地区与大陆地区人民往来有关事务，并以保障两地人民权益为宗旨，不以营利为目的"。该会"办理及接受政府委托办理"7项业务：（1）两岸人民入出境收件、核转及有关证件签发补发。（2）大陆地区文书验证、身份关系证明、协助诉讼文书送达及两地人犯遣返。（3）大陆地区经贸资讯的收集发布，间接贸易、投资及其争议的协调处理。（4）两岸人民有关文化交流事宜。（5）协助保障台湾地区人民在大陆地区停留期间的合法权益。（6）两岸人民往来有关咨询服务。（7）"政府"委托办理的其他事项。在11月21日捐助人会议上，秘书长陈长文说，海基会将接受"政府委托行使若干权力"，所以一方面要接受"陆委会"的督导，一方面也将通过"陆委会"对"立法院"负责，接受"国会"监督。

海基会设董事会为决策机构，置董事43人，任期三年，可以连选连任。第一届董事中除一名社会人士名额保留给民进党人外，其余董事由基金捐助人选聘，这些人来自文化、学术、新闻、体育、企业各界。董事长1人，综理会务，对外代表海基会。秘书长由董事长提名，受董事会之命，综理会务。海基会下设秘书处、文化服务处、法律服务处、旅游服务处和综合服务处。

海基会筹集资金的目标是10亿元新台币，成立时已筹集到7亿元，其中5.2亿来自台湾当局，民间企业捐助1.8亿元。

海基会是台湾当局应对两岸关系发展和推行大陆政策的产物。自1987年来台湾同胞赴大陆从事各项活动的人数激增，两岸间经济、文化、学术、体育、卫生等各项交流趋于频繁，同时也衍生出种种问题。台湾当局仍然坚持在政治层面的"三不政策"，不与大陆进行正式接触、谈判，但是也感到有共同解决事务性、功能性问题的需要，有必要设立一由官方授权的民间中介团体，建立与大陆方面非正式接触的正常渠道。在这种背景和政治需要之下，台湾当局于1989年8月开始考虑筹设中介机构，初步准备由"行政院大陆工作会报"（"陆委会"的前身）负责，采用"财团法人"或"基金会"的形式，经费出"政府与民间共同捐助"。经过一年的筹备，海基会才正式成立。"行政院长"郝柏村在海基会成立时说："为了因应现实需要，及贯彻现阶段政府不与中共官方作政治性接触的立场，政府乃决定结合民间力量，成立中介机构，以处理两岸人民往来的事务。"并说，海基会将"承担历史性的任务"，开启与大陆关系的"新阶段"。这番话反映了台湾当局成立海基会的政治意图和对海基会的重视。

海基会在台湾当局执行大陆政策中占有重要的位置。从组织机构方面说，海基会同台湾当局的"总统府国家统一委员会"（以下简称"国统会"）、"陆委会"形成一套适合台湾当局需要的对大陆工作机构。"国统会"负责台湾当局大陆政策方针的制定，"陆委会"负责"大陆政策的研究、规划、审议、协调及执行"，海基会则根据大陆政策，处理现阶段两岸关系中的具体事务。台湾当局称，这三个机构权责分明，各有侧重，"形成大陆政策与大陆工作的一个完整体系"，具有很强的"一贯性"。从实施大陆政策方面说，台湾当局1991年3月通过的"国家统一纲领"规定在目前两岸"近程—交流互惠阶段"中设立中介机构，以便"建立两岸交流秩序，制订交流规范"，作为下一步进入中程阶段的条件之一。所以，海基会的成立是台湾当局大陆政策的一个组成部分。

台湾当局规定了海基会执行大陆政策的具体原则和功能。原则为：（1）海基会协助当局执行大陆政策，本身没有政策，不谈政治，只讲业务。（2）与大陆建立关系，必须先了解大陆，并适度反应社会需求。（3）发展与大陆关系，必须采谨慎态度。功能为：①保护功能，即保障台湾民众的权益。②稳定功能，目前中共对台政策及台湾对大陆政策的互动，"变数很大"，中介机构"应可使彼此政策趋向稳定"。③平衡功能，藉由两岸交流，"使和平统一进程得以平衡发展"。

虽然台湾当局用心良苦，但海基会在成立之后却一直风波不断，一方面因在授权方面被限制"不能谈政治"，但海基会人员在访问大陆时闭口"不谈政治"的态度却又遭到台湾民众的批评；另一方面，岛内的"台独"分子一而再、再而三地攻击海基会"出卖台湾人民"，民进党籍的"立法委员"又一再企图通过立法来监控海基会的业务行为。种种内外在的原因，使海基会在推展两岸交流业务方面并不顺利，又对"陆委会"的控制过严以及对"立法院"的监控不满，导致海基会成立二年来便更换了三任秘书长。陈长文于1991年年底便辞去秘书长职，专任副董事长，退到了第二线。接任陈长文的第二任秘书长陈荣杰也于1992年年底在"立法院"公开海基会与"陆委会"的矛盾后辞职，到台湾《自立晚报》去当社长。

第三任秘书长邱进益由"总统"李登辉亲自指派，受任前为"总统府发言人"。

关于海峡两岸关系协会

1991年12月16日，海峡两岸关系协会（简称海协）在北京成立。它以促进海峡两岸交往，发展两岸关系，实现祖国和平统一为宗旨。协会理事会的65名成员来自社会各界，通过选举，汪道涵当选会长，唐树备为常务副会长，经叔平、邹哲开为副会长，秘书长由邹哲开兼任；全国人民代表大会副委员长荣毅仁任协会名誉会长，中华全国台湾同胞联谊会会长张克辉、全国人大华侨委员会副主任委员林丽韫、台湾民主自治同盟中央主席蔡子民为协会顾问。

《海峡两岸关系协会章程》有关条款规定，为实现协会宗旨，协会将致力于加强同赞成本会宗旨的社会团体和各界人士的联系与合作；协助有关方面促进海峡两岸各项交往和交流；协助有关方面处理海峡两岸同胞交往中的问题，维护两岸同胞的正当权益。协会还可接受有关方面委托，与台湾有关部门和授权团体、人士商谈两岸交往中的有关问题，并可签订协议性文件。

章程还规定，理事会为协会最高权力机构。理事会的理事由社会各界和有关方面推荐、协商产生。理事会任期三年，可连任。协会会址设在北京，并可根据需要设办事机构。

在海协的成立大会上，前国务院副总理吴学谦到会并讲了话，阐明了成立海协的目的。吴学谦说，海协的成立是为了落实中共中央6月7日提出的"由两岸有关部门和授权团体或人士，尽快商谈实现三通和双向交流的问题。"他说："协会的成立，将进一步促进和加强两岸民间团体的交流与合作。为使两岸的交流与合作顺利进行，有关方面还将授权这个协会与台湾有关的授权团体、人士处理有关两岸往来中的具体问题。我希望海峡两岸关系协会与所有致力于促进祖国和平统一大业的团体和人士一道，同心同德、群策群力，共同为尽快实现两岸直接三通和双向交流，扩大两岸交往，推动两岸关系的发展作出新的努力。

早在今年6月7日，中共中央台湾工作办公室负责人授权发表的重要谈话中就明确提出，由海峡两岸有关部门和授权团体或人士，尽快商谈实现直接三通和双向交流的问题，扩大交往，密切联系，繁荣民族经济，造福两岸人民。海峡两岸关系协会的筹办和成立，正是为了贯彻落实上述建议。我希望，台湾当局和各界有识人士对海峡两岸关系协会的成立作出善意的回应，采取积极措施，消除各种人为障碍，使两岸关系发展得更快、更顺利些。

目前，台湾岛内'台独'分子企图分裂国家、分裂民族的危险图谋，遭到了岛内各界人士、民众和舆论的纷纷谴责和反对。这充分说明，任何分裂中国的活动都是违背历史潮流，不得人心的。'台独'势力的分裂活动，危害中国的统一大业；不仅不利于台湾岛内的稳定，也不利于国民党当局，更不利于两岸关系的发展。为了有效遏制'台独'活动，海峡两岸应共同努力，全面发展两岸关系，加强两岸的往来与联系。我们注意到台湾当局一些负责人士最近表示要采取实际行动加快发展海峡两岸关系，扩大两岸经济、人员的往来，逐步开放两岸直接通邮、通航，并明确坚决反对'台独'活动的立场。这是明智的，是符合两岸同胞的共同利益的。我们更希望台湾当局能多采取实际的步骤，以加速发展两岸关系，早日实现和平统一。"

海协的授权部门、国务院台湾事务办公室主任王兆国也到场祝贺协会成立并介绍了协会成立的背景。

王兆国在讲话中指出：一年来，在中共中央和国务院的领导下，根据"和平统一、一国两制"的基本方针，我们为发展两岸关系，促进祖国和平统一采取了一系列重要措施，取得了积极的成果。今年以来，在两岸同胞的共同努力下，两岸交往和交流得到进一步的发展。1至9月份，两岸经香港转口贸易额达40.37亿美元，比去年同期增长43.4%，台商来大陆投资协议金额比去年同期增长27.42%。1至11月份，台湾同胞来大陆约90万人次，高于去年同期水平。

王兆国说，在海峡两岸关系发展的新形势下，协会的成立必将推动扩大两岸各方面的交往和交流，促进祖国和平统一事业。他表示，希望协会在各方面的大力支持下，为扩大两岸民间往来、增进两岸同胞的沟通与了解，发展两岸关系做出积极贡献。国务院台办将根据两岸关系发展的实际需要，委托海峡两岸关系协会，与台湾有关部门授权团体、人士商谈海峡两岸交往中的有关问题，包括签署协议性文件。

海协成立的消息在台湾岛内受到欢迎。

台湾舆论认为，海峡两岸关系协会的成立有助于两岸关系的发展。台湾各大报纷纷以显著的位置报道海峡两岸关系协会成立的消息，有的报纸还配发社论和文章表示欢迎。

《联合报》在题为《中共成立海协会与两岸关系的良性互动》的社论中说，海协会的宗旨促进海峡两岸交往，发展两岸关系，实现中国和平统一，也是全体中国人的共同意愿。海峡两岸关系协会的成立，希望有效地推展两岸关系，"促进双方的良性互动"。社论表示，"任何能够增进两岸接触，从事功能性事务合作的作法，都是有利于两岸关系的发展，也正是全体中国人所乐见的发展。大陆成立海协会，其积极意义是值得肯定的。"

《台湾新生报》、《工商时报》等报载文称，海协会的成立，"显见中共方面对对台工作，将益臻重视"，"象征着海峡两岸的关系发展向前迈入一个新阶段"。《工商时报》还报道说，台湾工商界也欢迎海协会的成立，认为将推动两岸关系向良性方面发展，可协助解决今后两岸可能发生的贸易纠纷问题。工商界希望台当局应在"大陆政策"上，"适时配合调整步伐，以促使双方站在互信互惠的立场上，化解猜忌与不安，让台商在大陆能够有更宽广的发展空间"。

此外，台湾舆论还注意到，海协的受权范围比海基会宽，没有不能谈政治的限制，所可联络的台湾社团也不仅限于海基会，而是包括岛内外各团体、各界人士。以此观之，海协的活动能量将在海基会之上。

海协成立之后，确定了近期将重点进行四个方面的工作：一、将逐步建立和发展与台湾岛内外民间团体和人士的联系与相互合作，发挥民间力量，共同促进两岸的直接三通和双向交流。根据国台办的授权，协会将负责与台湾海峡交流基金会有关团体进行联系，处理相关问题。二、将就合作打击台湾海峡海上走私、抢劫问题与台湾受权团体海基会具体商谈。三、协会如受到委托，也将协同有关方面与台湾受权团体或人士就处理台湾海峡海上渔事纠纷，和有关违反有关规定进入对方地区之居民及相关问题进行商谈。四、协会将积极为台湾岛内外各团体、各界人士提供有关大陆投资、贸易和其他交流活动的政策、法规等咨询和服务。同时也积极向大陆有关方面和地方提供对台文化、学术、体育、科技交流等咨询。此外，协会将逐步完善内部规章制度，增加人员，建立与中央、国务院部门、大陆各社会团体及各地的联系。

"汪辜会谈"的由来

1992年1月8日，成立不到二十一天的海协首次致函邀请台湾海基会董事长、副董事长、秘书长率团到大陆访问，对此海基会回函表示"将于双方便利之时机专程拜访"。8月4日，海协会长汪道涵致函海基会董事长辜振甫，再次表达了与辜振甫见面的愿望。信中说，"当今世界经济形势中，东南亚地区蔚然挺秀，顺此潮流，两岸携手共济，前景未可限量"，因此，两地"急需加强沟通，协调配合，促进关系。是以深盼早日会晤，就当前经济发展及双方会务诸问题，交流意见，洽商方案，共利两岸"。

辜振甫迟至8月22日才给汪道涵会长复函，表示"至感盛意"，愿"就有关双方会晤及两岸文化经贸交流"等问题"进行磋商"。虽然台方接受会谈较晚，但实际上两岸在此之前已开始了为解决实际问题的事务性磋商。包括两项：一、合作打击台湾海峡海上走私抢劫犯罪；二、两岸公证文书使用与查证问题和两岸挂号信函查询与补偿事宜。

两项商谈中，前一项始于1991年9月，但直至"汪辜会谈"结束仍未有结果。第二项始于1992年3月，也一直持续至"汪辜会谈"才正式签订协议，成为汪辜会谈的成果之一。

为了更好地理解"汪辜会谈"提出的时代意义，有必要对1991年的海峡两岸交流局势作一番回顾。新华通讯社在1991年11月3日发出的一篇述评中对此进行了客观评价。全文如下：

不可逆转　急需开拓

　　近一个时期，台湾岛内"台独"活动嚣张，激起海内外齐声谴责。与此同时，台湾方面有人不断声称，海峡两岸关系目前处于"低潮"、陷入"僵局"，也引起海内外的共同关注。然而，纵观今年的两岸关系，虽有时进时退的波澜，但是两岸交流仍朝着持续发展的方向推进，不仅人员往来、经贸投资继续增长，而且在双向交流和两岸间事务性的接触商谈方面也有可喜的进步。

发展趋势不可逆转

　　"客观需要"是两岸交流不可逆转的主因。经过10余年的努力，两岸交流的发展已步入常态。台湾同胞到大陆探亲、旅游、经商的人数在去年85万人次的基础上继续增长，预计今年将突破100万人次，使台湾开放探亲以来台胞赴大陆的人数累计超过250万人次。台湾方面的统计显示，大陆同胞赴台探亲奔丧人数累计有2万多人次。两岸间的通信、通讯更是增长迅猛。4年来，从大陆寄到台湾的函件超过4000万封，目前，平均每天约5万封信；两岸间直拨电话超过1000万次，目前平均每天1万次。台湾"行政院陆委会"官员最近承认，"这些数据仅是实际需求量的三分之一。"今年6月，台湾当局开放了两岸航空挂号邮件往来，但对民众急需的包裹邮件往来尚无回应。

　　两岸经贸往来一向引人注目。台湾当局对两岸贸易和台商到大陆投资心存惧怕但难以阻止，从前几年将之视为"非法"，后来"睁一眼闭一眼"，到"间接允许直接不准"，今年则要求厂商事先申请。虽然意在加强控制和管理，但也不得不"有限度开放"。

今年两岸贸易继续发展，头8个月的贸易额已比去年同期增长百分之四十以上，预计全年将超过50亿美元。今年在台湾当局再三催促乃至警告之下完成的登记数字分别为：投资台商2503家，投资金额7.5亿美元。但台湾当局认为，实际上将超过3000家，金额在20亿美元以上。台湾"陆委会"的官员据此称：两岸的经贸"依存度"正在加深，必须建立"预警制"监控发展速度。但无论如何，两岸间的贸易投资规模会继续扩大，保持稳步增长的势头是确定的趋势。

走向更广泛，层次更高

两岸学术、文艺体育、教育等各方面，今年以来进一步扩大交流面和提高交流层次。台湾文化界人士到大陆举办和参与的文化活动，已呈现多样化的广泛交流局面。目前大陆在传统节日举办的各种大型活动，台胞参与已成为正常的形式。体育界的交流继去年亚运盛会后续有发展。今年1至10月到大陆访问的台湾体育团队已达95批，1853人次。台湾田径队首次移师大陆训练，而到大陆参加各种比赛的人数也在增多。在台少数民族11月还将派队赴南宁参加少数民族运动会。不过，对于两岸体育界所渴望的大陆体育团队访台，至今仍未实现。根子自然还是在台湾当局身上。

两岸学术交流的面越来越宽，门类越来越细。举凡建筑、会计、税收、核能、科技、法律、医药、汉字、儒学、人口、妇女读物与形象……各行各业无所不包。"两岸关系研讨会"、"海峡两岸经贸洽谈会"和海峡两岸青年联谊活动等大型研讨、交流活动，令人印象深刻，有助于搭起沟通两岸民族血脉情感之桥、增进互相了解。

大陆公务人员和记者首次入台

两岸间的双向交流受限于台湾当局之"三不"而发展缓慢。今年两岸渔民在台湾海峡上的渔事纠纷因台湾军警人员的不当介入而突显，并因台湾当局有意突出"法律管辖权"而复杂化。7月21日发生的"闽狮渔事件"是个典型的例子：福建省石狮市祥芝乡18名渔民驾驶两艘渔船在台湾海峡捕鱼时与台湾高雄籍渔船渔网绞缠，产生索赔纠纷，在双方协商解决了纠纷后，台湾军方出动飞机、军舰拦截大陆渔船，打伤一名渔民，将两艘船及18名渔民强行带往台中，台中"地检署"以"海洋行劫罪"起诉其中的7名渔民。

为了解事实真相、保护渔民权益，经过与台湾方面的反复交涉，中国红十字会总会副秘书长曲折、政策理论研究室副主任庄仲希于8月20日入台看望18位大陆渔民。这是40多年来第一次大陆人员入台处理公务，轰动海内外。"翻开了两岸交流新的一页"，台湾舆论作出这样的评价。同时，采访"7.21事件"及红会人员赴台活动的新华社记者和中新社记者于8月12日先行入台，在台湾进行了12天的采访活动，也是42年来第一次，跨出两岸新闻双向交流的历史性一步。被海内外誉为，不仅是"海峡两岸新闻交流史上令人瞩目的事件"，也"象征着两岸人民的文化交流又向前迈进了一大步"。

大陆人员访台更大的意义是增进两岸人民间的感情交流。不仅激起两岸同胞对渔民纠纷问题的关切，两岸通过协商解决交往中具体问题的方式也为人民所认同。大陆人员在台期间，处处受到台湾民众和各界人士的欢迎与热情款待，两岸同根、血浓于水的感情绝非一小撮"台独"分子所能破坏的。

事务性商谈起步

今年的台湾海峡时有汹波暗潮，海上走私等犯罪增多，还出现台湾军警阻拦大陆海关人员正常缉私活动，发生台湾军警人员殴打正常作业的大陆渔民、开枪开炮强行驱赶大陆渔船事件。所幸大陆政府和人民努力保持了海峡气氛的平和。与此同时，两岸间事务性的接触商谈迈出可喜的一步。成立于去年11月的台湾"官方授权"、民间机构"海峡交流基金会"今年4月、7月间两次组团来北京及东南数省市，与有关部门接触商谈。7月、9月、10月间，国台办主任王兆国、副主任唐树备三次发表谈话及致函"海基会"，建议两岸合作打击台湾海峡海上犯罪活动，合情合理地解决两岸交往中衍生的具体问题。台湾方面对此倡议已有一定形式的回应，11月初，"海基会"再访北京就上述问题与有关部门具体商谈。

不难看出，两岸交流总的趋势是朝向更广泛深入、更高层次交流的方向发展。今年5月台湾当局宣布"终止动员戡乱"，客观上有利于海峡气氛进一步缓和及两岸交流的发展，台湾最高当局不久前承认"三不政策"已名存实亡。但是，两岸直接"三通"至今未能实现，台湾当局仍然对大陆赴台人员实行政治歧视，以不合理规定限制两岸双向交流，以各种手段阻扰台商到大陆投资，多次叫嚷要"降温"、"冷却大陆热"，台湾军方介入两岸民事纠纷，阻挡大陆海关人员的缉私活动，因而两岸交流形势的另一面则为：障碍仍大，急需开拓。

1991年9月26日，国务院台办副主任唐树备致函台湾海基会秘书长陈长文，首次以书面形式邀请海基会负责人到北京商谈合作打击台湾海峡海上走私、抢劫等犯罪事宜。并可商谈两岸所共同关心的问题。

这一段时期，海峡两岸因为发生"闽平渔事件"、"闽狮渔事件"、"鹰王号事件"等一连串事涉两岸民众权益和台湾海峡海上犯罪事件，在如何处理这些事件上争执不下。国台办主动提出的商谈邀请受到了台湾方面的欢迎。

海基会副秘书长兼发言人陈荣杰在海基会收到唐树备函后马上发表谈话说，他认为唐树备的邀请使"两岸交流又有了好的起点"。

陈荣杰表示，这是中共首次对此问题以书面提出具体建议，海基会感到相当欣慰。特别是对方提到其他"关心的问题"，他希望对方指的是两岸近来沟通不良，让彼此皆有诚意来解决问题。他说，由于合作防制犯罪范围相当广泛，海基会将考虑建议主管机关同意该会在正式磋商之前，能先与大陆方面非正式、初步的交换意见，使彼此对将要协商的议题，先有初步的共识。海基会已将国台办来函传真"陆委会"，将在近日内把书面意见送交"陆委会"参考。他认为，双方有个表达立场的管道，对两岸关系的发展，总是好的方向。

11月3日，由秘书长陈长文率领的海峡交流基金会访问团，乘中国民航班机从香港抵达北京。陈长文为福建省福州市人，是台湾有名的大律师，拥有美国哈佛大学法学博士学位，不但自己开设私人律师事务所，并长期担任台湾"行政院"、"国防部"等部门的法律顾问，同时还兼任台湾红十字组织的秘书长。

陈长文在机场说，他此行的主要目的是就海峡两岸如何合作防止和打击海上犯罪的问题，同大陆有关方面进行程序性的磋商。同时，还将同大陆有关部门探讨两岸公证文书的使用、两岸司法机关的合作等问题。

陈长文认为，海峡两岸在共同有效地防止和打击海上犯罪方面进行合作，有助于海峡两岸社会的安定，有助于两岸关系的改善，最终也有益于国家走向统一的终极目标。

这次程序性商谈于11月4日开始，7日结束。在此期间，国务院台办和最高人民法院、最高人民检察院、司法部、公安部等有关部门负责人会见了陈长文一行。

负责商谈的为唐树备和陈长文，在首天商谈时，双方很快便对其中的一些基本问题达成共识。包括：一、双方都确认应该在一个中国的原则下来讨论合作打击台湾海峡海上走私和抢劫活动；二、双方一致认为必须合作打击海上走私和抢劫活动。

11月5日，陈长文一行分别拜会了公安部和司法部。在公安部，公安部副部长白景富谈了自己对于两岸警方配合搞好台湾海峡海上治安的一些想法。

他说，两岸警方配合共同维护海上治安须从大局出发。所谓大局就是应坚持"一个中国"的原则，台湾是中国的一部分。

白景富指出，两岸警方应互相接触，中国警方已加入国际刑警组织，与很多国家的警方有接触。我们一个国家内的两岸警方没有理由不接触。

他说，海上不论发生什么案件，都应实事求是地依法妥善处理。比如，若是渔事纠纷就应采取调解的办法，而不要采取其他粗暴的措施解决，那样容易伤害两岸人民的感情。

对于海上治安，大陆警方非常重视，几年来采取一系列措施，严厉打击，这几年大陆警方破获了一批海上走私、抢劫、私自去台案件，抓获了一些犯罪分子并依法进行了惩处；预防犯罪，比如加强海上巡逻、进行渔船整顿、对渔民开展教育，等等；综合治理，各个部门密切配合，共同采取有效措施，防止犯罪。他说，目前台湾海峡的社会治安秩序比较好，广大的渔民比较满意。当然社会治安是复杂的，不是采取一两个措施就一劳永逸，而需要两岸警方通力合作，标本兼治。最近我们发现大陆渔民在海上进行正常生产时，台湾军方对大陆渔船开枪开炮，造成人员伤亡。大陆渔民非常愤慨，我们警方也非常关注。他说，海上要想不发生问题是不可能的，但发生了问题，若是从维护两岸关系、维护海上治安秩序、维护两岸渔民生命财产安全这样一个前提出发，什么问题都好解决。

陈长文一行拜会司法部时，双方就公证文书使用问题交换了意见，并一致认为，在一个中国的前提下，双方应尽快就公证文书使用问题进行具体商谈，以便更好地保护两岸同胞的合法权益。

司法部副部长鲁坚会见了陈长文一行。他表示，双方就公证文书使用问题展开进一步商谈，须在两个前提条件下进行：一是坚持一个中国原则，不能搞"一中一台"或"两岸对等的政治实体"；二是建议不要使用"文书验证"这一提法，因为"文书验证"是国家与国家之间外交领事认证的用语。台湾当局也承认"中国只有一个"、"中国必须统一"，那么，处理两岸之间公证文书使用问题就不应使用这种国际法律用语。

鲁坚指出，我们不赞成采用"文书验证"这种作法，但是考虑到海峡两岸的现实性，对于某些公证文书的质疑可以采取向大陆出证部门查询的办法来解决。

关于公证文书使用问题的商谈，今年4月份陈长文率团来访时即已提出，双方在某些方面达成共识。为何一直未能进行？对此，鲁坚解释说，这段时间所发生的一些事情使我们的意愿很难付诸实现。

首先，5月份看到有关台湾报纸报道海基会与台有关单位就中介团体办理大陆"文书验证"达成几点共识，并说：原则上中介团体办理"文书验证"的法律地位类似驻外大使馆办理的验证。这个说法引起我们的严重注意。很久也没有看到海基会对此澄清的报道。这不能不使我们怀疑搞"文书验证"的真实意图。

其次，双方还未就公证文书使用问题进一步商谈，台湾海基会单方面已采取了验证的做法，且有有关报道为证。这是一种倒退的做法，不利于两岸的交往，不能很好地保护两岸同胞的合法权益。

第三，近几个月发生了一些事件，如"鹰王号"轮涉嫌走私案、"闽狮渔"号渔事纠纷案等等，台湾方面对这些事件的处理显然很不妥当，引起大陆法学界和大陆同胞的强烈不满与愤慨。此种气氛给我们与海基会进一步商谈增加了很多困难。

陈长文说，双方广泛地交换了意见。公证文书使用不是国家与国家之间，而是台湾与大陆之间的使用，他赞成根据一个中国的原则来进行商谈。

当晚，国务院台湾事务办公室主任王兆国在钓鱼台宾馆会见了陈长文一行。

王兆国对陈长文这次来北京就商谈合作打击台湾海峡海上走私、抢劫犯罪活动的程序问题交换意见表示欢迎。他说，这是一个很有意义的主题，双方应从这件事情做起，解决台湾海峡两岸交往中的具体问题，促进两岸关系发展。这件事情做好了对两岸同胞都有好处。要积极努力，争取达成共识，取得成果。

王兆国说，前一段时间台湾有一种说法，说两岸关系处于"低潮"，我不这样认为。从总体上看，当前两岸的各种交流、交往仍在向前发展。今年1至10月份，台胞来大陆已达80多万人次，估计到年底会突破100万人次。岛内今年有100个团组、2000人次来大陆进行体育交流，比举行亚运会的1990年还要多；台湾大专院校来的人也不少，有200多人。总之，两岸关系是在持续发展。

王兆国指出，当然，在目前的两岸关系中也还存在着一些问题。第一，两岸的双向交流受到的限制还是太多，我们认为，双向交流有利于双方增加了解、增进共识，希望台湾方面的步子迈得大一些；第二，直接"三通"至今没有突破；第三，今年台湾海峡不太平静，发生了几起突发事件，台湾军方中断了厦门海关查缉"鹰王号"走私船，介入渔事纠纷，还殴打、抓扣、枪击、炮击大陆沿海渔民、渔船，伤害了两岸渔民的感情。

他说，我们希望两岸关系进一步缓和，不要发生不愉快的事情，更不能伤害无辜的百姓，这个问题如果得不到解决，将对两岸关系产生不利的影响。

王兆国还就双方关心的其他问题与陈长文交换了意见。

11月6日继续进行的唐、陈商谈，除了共同打击犯罪外，又增加了新的内容。有些内容事实上成为后来"汪辜会谈"内容的重要组成部分。

唐树备在商谈告一段落后介绍说，通过商谈，双方合作的范围的扩大，合作的内容在丰富，双方不仅在合作打击台湾海峡海上走私和抢劫活动方面的共识在发展，而且双方还同意将关于海上渔事纠纷问题、关于违反对方有关规定进入对方地区的中国居民问题以及与此相关的问题，作为议题进行磋商。商谈还涉及其他问题。他说，我们希望台湾有关方面认真考虑大陆方面提出的意见，妥善处理台湾走私船"鹰王号"的有关问题，以及"闽平渔"、"闽狮渔"等事件的问题。

双方还就海基会今后与大陆方面的联系方式进一步交换了意见。唐树备说，在过去双方商定的基础上，进一步丰富了联系的办法。我们希望海基会在促进两岸直接"三通"和双向交流方面多做力所能及的事，比如可以组织和发起有关两岸经贸、学术、文化和科技方面的交流活动。这些活动可以在大陆进行，也希望有朝一日能在台湾进行。

经过3天来的磋商，双方就合作打击台湾海峡海上走私、抢劫等犯罪活动的程序性问题达成初步协议。

唐树备说："这是一个口头协议，还有一些细节有待双方继续磋商。"

协议包括以下10个方面：

一、正式商谈的题目为"合作打击台湾海峡海上走私、抢劫等犯罪活动"。

二、正式商谈及签署协议应在一个中国的原则下，本着互相尊重、实事求是、互信合作的精神进行。

三、双方就商谈题目中的若干合作项目（如建立通报渠道、协助缉拿和递解人犯、提供证据材料、建立联络小组等）初步交换意见，同意在正式商谈中具体讨论。

四、正式商谈的单位：大陆方面由一授权的民间机构与台湾方面授权的海峡交流基金会正式商谈。人员组成由各自决定，人数适时再议。

五、正式商谈的步骤：双方同意先就合作打击台湾海峡海上走私、抢劫等犯罪活动商谈并签署原则协议，再由双方商谈制订实施办法。

六、正式商谈在双方准备就绪后于明年及早进行。

七、关于海上渔事纠纷问题，双方同意尽快安排商谈，寻求解决办法。

八、违反有关规定进入对方地区之居民及与此相关的问题，双方同意另行安排商谈。

九、正式商谈的地点：唐树备先生主张在大陆和台湾进行，特殊需要也可在第三地进行；陈长文先生认为，现阶段以在第三地进行为宜。双方对此问题将另行商定。

十、在进行正式商谈之前，双方得就上述要点未尽事宜另行商议。

陈长文对商谈所取得的结果表示满意。他认为，这些口头协议实际上可看作是书面协议。

商谈结束后，国务院副总理吴学谦于11月7日会见了陈长文一行。吴学谦向陈长文表示，两岸就合作打击台湾海峡海上走私、抢劫犯罪活动的程序性问题交换意见，是一件很有意义的事。双方本着一个中国的原则，以实事求是、合情合理的态度，进行了深入的商谈，在很多方面达成了共识，取得了成果。吴学谦说，我们主张国共两党尽早实现接触商谈，两岸早日结束政治对立，完成统一。在最终实现这个目标以前，两岸交往中确实存在一些具体的问题，需要双方坐下来进行商讨，寻求解决的办法。这次海基会来北京商谈，就是一个好的开端。双方在一些问题上还存在着分歧和不同意见，这也很正常，可以进一步沟通，逐渐消除分歧，取得共识。只要程序性问题解决好了，也就为下一步的正式商谈打下了一个好的基础。

吴学谦在这次会见中，首次向陈长文透露了将成立海峡两岸关系协会的构想。他介绍说，大陆正在筹备成立一个民间团体，它今后合作的主要对象是"海峡交流基金会"，当然也可以与其他愿意促进两岸关系、促进祖国统一进程的团体和人士合作；主要的工作目标是尽快实现两岸直接"三通"和双向民间往来。为了积极推动这方面的工作，这个团体将接受有关方面的委托或授权，处理有关两岸往来中的具体问题。

年底，海峡两岸关系协会成立，随后向海基会有关负责人发出会谈邀请。1992年8月22日，海基会董事长辜振甫正式函复海峡两岸关系协会会长汪道涵，对其邀请会谈之盛意表示接受。辜振甫并主动提议双方于1992年10月中、下旬或其他适当之时日，在新加坡举行会谈。

辜振甫在致汪道涵的函件中表示，鉴于最近两岸民间交流日趋频繁，双方如果能够开诚务实，加强沟通，谅对两岸关系之稳定增进，尤其两会会务之开展，有所裨益，基此理念，愿意在今年10月中、下旬或其他适当之时日，就有关双方会务及两岸文化经贸交流，例如台商在大陆地区投资如何保障等问题，进行磋商；至于有关会晤地点，建议在新加坡举行。其他有关会谈程序安排等细节，有待双方另行商定。

海基会秘书长陈荣杰23日表示，有关两会负责人会谈地点，台方建议在"第三地"新加坡举行，主要是考虑到辜振甫兼任国民党中常委的身份。陈荣杰说："两会负责人在台北或北京会谈的时机仍未成熟。"因此，有关会晤地点，建议在两会都方便的新加坡举行，"大陆方面应能理解"。

同日，"陆委会"副主委兼发言人马英九也发表谈话称，辜振甫与汪道涵的会晤，是两岸民间团体负责人的会谈，其目的在商谈解决两岸交流问题，并没有特别的政治意义。

身兼国民党中常委的辜振甫接受邀请的幕后决定者是台湾当局。辜氏接到汪道涵的邀函后不久，曾与"陆委会"主委黄昆辉深谈，获其支持辜汪两人会面。7日，他再与"行政院长"郝柏村密谈一小时；8日，赴"总统府"与李登辉单独商谈，终于敲定未来这趟两岸"非官方"的高峰会议。

台湾《新新闻》周刊8月16日的一期刊登题为《辜振甫将成为第一个到大陆的国民党中常委》的文章说，"辜振甫在接受本刊专访时强调，他与汪道涵将只谈会务与经贸问题，不涉及政治。至于李、郝是否曾作指示，他并未否认，但也不愿正面回答。"文章摘要如下：

中共海协会长汪道涵在8月4日以传真方式发函邀请海基会董事长辜振甫晤面，针对两岸经贸和双方会务等问题进行商谈。这封短短十多行的邀请函，由于言词恳切，在短短不到一个礼拜的时间内，就打动了辜振甫的心，对这项邀约表示热忱欢迎之意。

辜振甫的正面回应，创造出许多"第一"。其一，身兼国民党中常委的海基会董事长辜振甫一旦与汪道涵会面，将是两岸在分裂后，台湾最高层人士的一项访谈行动；其二，总统府与行政院对这次两岸高层人士会谈，正面首肯速度神速，也是前所未有的。

辜振甫在接获信函的第二、三天，也就是8月5、6两天，与陆委会主委黄昆辉深谈。辜振甫告诉黄昆辉，海协会早在今年元月份就来过一封信，邀请海基会董事长、副董事长和秘书长等人会谈，海基会并未拒绝，但也未同意，如今二度来函，海基会似无特殊的理由再加以拒绝，辜振甫征求黄昆辉的意见。

黄昆辉告诉辜振甫说，如果海基会有业务上往来的需要，陆委会绝对支持海基会与海协会面谈，不过必须要事前提出具体计划。

在获得陆委会的同意之后，辜振甫又立即在8月7日下午前往行政院与郝院长作了一小时左右的交谈。辜振甫再次报告汪道函来函经过，也获得郝院长的首肯。

8月8日辜振甫在早餐后赴总统府与李总统单独商谈此事，在李总统尚未首肯之前，辜振甫对外一再三缄其口。直到当天下午辜振甫紧急召开记者会，宣布将接受海协邀请。辜、汪二人即将会面由可能变成事实。

根据陆委会主委黄昆辉考虑，由于行政院大陆工作会议即将在9月18，19日两天召开，因此辜振甫与汪道涵会面的时机应在大陆会议之后；另外，由于这是首次较高层人士与中共方面面对面接触，因此准备工作需充裕时间，这也是辜振甫必须在10月以后才能成行的主因。

以辜振甫的身份及目前两岸局势，此行确实具有不同的意义。为此本刊专访海基会董事长辜振甫，以下是访谈的内容的摘要：

问：你身兼国民党中常委的身份，在中共"亦敌亦友"的态势下，你将如何与汪道涵进行经贸或会务的谈判？

答：我是以海基会董事长的身份去，我也算是民间人士，不必太过强调我中常委的身份。

问：你最后决定赴大陆与汪道函会面的关键考虑为何？去或不去之间又作何评估？

答：第一，我觉得这是件很平常的事，他们已不是第一次邀请，在今年元月的时候他们就邀请过，这是第二次了，且对方相当恳切，第二，海基会与海协会经常FAX（传真）来、FAX去，双方负责人见面是迟早的事，只要见面对推展两会会务有帮助，是正面的、严肃的，这是个很自然的事。

问：你此次会谈主要想谈什么议题？不想谈什么问题？尤其海基会原拟在近期内与海协会商谈文书验证等问题，你在此之前与汪道涵会面，是否会谈相关事情？另外，国统会已作出"一个中国"的定义，你是否会与对方商谈"一个中国"的定义问题，至于经贸方面，是否会谈到如科技交流、合作开发、共同投资等问题？

答：基本上这次我与汪道涵会面，只谈会务和经贸上的问题，不涉及政治问题，也不会谈"一个中国"的问题。至于实质要谈哪些问题仍在商量之中。此外，你所说的合作是个问题，但此时还不到"那个"阶段，目前尚处于排除障碍的阶段。

问：目前必须排除的障碍有哪些？

答：例如我们投资仍没有保障，商务往来文书验证等……很多很多问题，还是由直接对人民服务方面开始累积。

问：这次你与汪道涵会面，李总统、郝院长或陆委会曾给你何种建议？

答：这你要去问他们，我不能替他们说话。

问：你是否打算邀请汪道涵来台回访？你赴大陆若对方提出要求，要你除与汪道涵以外的高层人士会面，例如邓小平、杨尚昆要求和你会面，你是否会与他们会面？

答：这是假设性问题，我现在这个阶段不便加以评论。

问：你对汪道涵的了解程度？对他的印象如何？

答：汪道涵在担任上海市长的时候，在一次旧金山举行的国际企业会议中我和他见过一次面，当时只是寒喧而已，并没有交谈过。我对他仅止于"知道"而已。

问：如果你不是中常委，你是不是早想去大陆看看？你早期是否曾在大陆待过？

答：我还没那样想过……喔……大陆我跑遍了，早期的时候我从广州跑到满州里，大概民国二十五六年的时候，连东北我都去过，我不是第一次去，媒体都搞错了。以前我年轻的时候常跑北平去听京戏，我最喜欢唱京戏了。

问：两会之间目前在实际往来时碰到许多瓶颈，你如何去改善、打破瓶颈，拓展会务？

答：我们交流由探亲开始，随之又带来旅游、经贸、文化。这三种交流中，我以为文化应在最前面，不过对方很慎重，所以文化最没有进展，我想这是相对的，旅游有大进展，一年有几百万人去。相较之下，文化落后了，经贸也是徒然；另外，比较之下，我们以为文化应该跑在前面，但对方却认为经贸要在最先，双方认知有差距。至于旅游方面，我们都想去大陆看看；而对方也采放任政策，因为旅游可增加外汇收入。在这种情况下，应有求其平衡的必要。有这么多人、钱的来往，关系虽密切了，但亲和度不够，彼此的气氛应更好才对呀！

问：你是否认为两岸经贸真有"大陆热"的趋向，是否有降温的必要？

答：这不是问题，贸易问题现在进行热闹不必再加以管制，尤其现在"两岸人民关系条例"通过，有法的依据，政府更应制度化，换句话说，应建立交流秩序化。

问：你认为大陆官方对台商的待遇，有何不妥之处？

答：官方的问题我不便回答。

问：那反过来说，你认为台商在大陆投资遭遇了哪些难题？

答：我没有投资，所以不知道。

问：过去你一贯主张：两岸经贸应保留筹码，不要太快把王牌打出去，也不赞成一窝蜂到大陆投资，但现在你由原先不主张接触，到现今即将与对岸人士接触，其中的转变理由何在？你的政、经层面考量何在？

答：这不是转变的问题，对两岸经贸的看法，我从来没有任何改变，仍然认为不要一窝蜂。不要一窝蜂的意思，并不是我要反对双方经贸交流，而是在对岸情况不熟悉，尚有许多不确定的情况下，绝对要慎重；尤其我们与对方体制、法律有那么多不一样，所以一定要先行评估，再去投资，不要一窝蜂，人家去我就去。换个角度说，我还是认为双方交流要有秩序，不要一窝蜂；对到大陆去投资，我始终未持反对的态度，不过我主张用间接的方式进行，尤其在没有投资保障协定的情形下，最好台商能与外国厂家共同进去。至少有个保障。两岸交流如何整合才是最重要的。

问：你曾呼吁企业家要根留台湾，提出此一呼吁的考量为何？政府必须做些什么才可以让企业界根留台湾？

答：很简单，我们土地价格、工资不会比大陆低，我们要走的路线就很清楚了，即产业界应作改善和技术的提升，否则你到大陆去投资，仍用旧的机器、旧的技术，不到三年就没有了，因为大陆人（中国人）很快就把你的技术学会了。我们到大陆的投资，是因为工资便宜、地便宜、花的代价有限，所以大家就去了。去倒是没有关系，但你一定要维持优势，优势来自何处，就来自技术。我们的地价、工资若不比当地便宜的话，我们一定要有技术、有管理的方法……种种软体的发展，你若能源源不断有新的技术、新的方法、新的行销，这样去大陆才不致苟延残喘，而能有前瞻性的看法。

至于政府要做什么？我想应协助技术水准的提升，以及投资环境的改善，这比什么都重要。换句话说，大家都说出去没有关系，但是大家都怕产业空洞化，其实假如我们国内产业和工商界能将出去的空档发展低能源、高科技的产业来填补之后，则一点关系都没有。

问：你以往是否曾提出一个"经济区块"的观念，你建议香港、大陆、台湾能连结成一个经济区块，进而促成为整个亚洲区块、世界区块，大陆、香港、台湾真能成为一个区块吗？

答：我没有提出这个观念，我的看法是：在欧洲共同市场即将成形，而昨天（8月12日）美国、加拿大、墨西哥自由贸易协定也算成立。所谓区块的成立、成形是什么意思呢？也就是它在那个区内很彻底地合理化运动，它使它的钱、人、物资可自由地流动，把一切不合理的浪费全部消除掉，如此一来，第一区域内的贸易量一定增加，而且对区外的竞争能力一定提高，所以在此情况下，我们一定要想办法提高，而且生产力提高的幅度、速度若不如它们，我们的市场会失去一大半。换句话说，美国若要买一点东西，它一定会先问加拿大，然后再问墨西哥有没有，才轮到我们；在欧洲方面，它会先问葡萄牙有没有，最后才轮到我们，所以我们的危机在此。

至于你所谓者，可能是"大中华经济圈"的观念，若是，我则不大愿意推动这个观念，你可以有这个构想。原因何在，即你如果再成立一个圈，外国人会以为你排除外国人，是全然的"大中国"主义，我想这是不必要，应由企业自然发展的。你也不必去强调。

所谓"圈"一定是要有建制、有组织的，我们现在没有建制，什么道理呢？是因为在这个圈内我们互动的体制都不一样，香港是"一国两制"的，若要互动，它可保持与新加坡之间"国与国"的互动，而台湾与其的互动体制未定，怎可说是个圈呢？

虽然辜振甫接受了会谈邀请，但会谈的正式举行拖到了1993年的4月才得以进行。这其中的原因主要在台湾方面。1992年下半年，台湾当局忙于"第二届立法委员"选举。在选举于年底结束之后，国民党高层经过一番内部斗争，彻底改组了"行政院"，由中生代台湾省籍人连战取代了元老派江苏省籍人郝柏村担任"行政院长"，实现了所谓政权的"世代交替"。人事布局底定之后，"汪辜会谈"才摆上议事日程。

"一个中国"共识与歧义

"汪辜会谈"之议尚未成形前，1992年3月21日，海峡交流基金会由法律处处长许惠祐率队，一行6人抵达北京，首次与海峡两岸关系协会人员会见，双方开始了两岸公证文书使用与查证及两岸开办挂号信函查询及补偿事宜的两项事务性商谈。

这是海协成立后，与海基会接触商谈的开始。台湾联合报以《两只戴手套的手已接触，两岸交流模式显露新契机》为题评论说：

"海基会和海协会人员二十二日在北京正式会面，两双戴着白手套的手开始接触，象征两岸交流新模式已隆重登场。透过白手套的过滤，两岸间的试探动作可预见将纷纷出笼，但同时也是建立两岸交流秩序的新契机。

海协会昨天的首次接触，其意义不仅在于商讨文书查证及间接挂号信函的民间事务，更重要一点是两只戴白手套的手已开始负起交流任务，在有效的屏障下，两岸政府都将无所顾忌地向对方试探。在不危害现实的前提下，向前摸索，在理论上应该都是利多于弊。

许惠祐等一行人，昨天并未受到中共方面的特别礼遇，一样办台胞证排队通关，这在正面意义上，可视为双方交往正常化的开始，不必再拘泥于意识形态的较劲。

共产党籍记者来台，海协会人员要求来访等诸多问题，相信都将随着白手套模式运作而大举出笼。接踵而来的试探，在这层过滤网的架构之下，希望都在考验彼此智慧之余，化解两岸交流的阻力成为动力。"

商谈从22日—25日举行。由海协和中国公证员协会有关人员与海基会进行商谈。虽然只是一次由双方处级人员就两项商谈的准备，进行的工作性商谈，但却出现了因"一个中国"的原则性问题而商谈触礁的局面。

正如双方上次进行的共同打击台湾海峡海上犯罪的商谈一样，海协认为，两岸进行的公证书使用查证与挂号函件查询补偿事务都是中国的内部事务，是在一个中国内进行的。这一点是原则，双方必须坚持一个中国的原则，方能进行上述事务性商谈。但台湾方面却不愿意做出这一承诺。海基会代表许惠祐抵京当天，在首都机场答记者问时就表示，文书查证和挂号邮件等事务性问题和一个中国原则没有牵连，他相信中共方面在这次技术性协商中不会提出这个问题，增加议程困扰。

许惠祐是在步出北京首都机场，面对大批台、港、澳、大陆记者提出的问题时，作以上表示。

许惠祐还说，在代表团行前，海基会内部曾对协商过程可能发生的各种问题，做过沙盘推演，有些立场是海基会坚持不能妥协的，"一个中国"立场即为其中一项。此外，海基会副董事长陈长文也在代表团行前表示，希望这次协商文书查证，双方能够以科学化、系统化的方式作全盘性的解决。

商谈开始之后，出现两项分歧，一是事务性商谈中要不要坚持一个中国原则；二是今后在两岸文书使用和挂号函件查询业务执行中，双方应由哪些业务部门或团体来承担。大陆方面认为，事务性商谈应坚持"一个中国"，海峡两岸公证书使用及查询是中国的内部事务，邮电是国内邮电业务。海基会则表示，"一个中国"是政治性问题，海基会没有被授权谈政治问题，事务性商谈不要与政治性问题搅在一起。同时坚持两项业务的联系方式只能在民间的、间接的范围内进行。

经过两天的努力，商谈也取得进展。双方本定下由两会负责人进一步商谈来解决分歧问题，海基会突然中止了他们自己提议的第二阶段负责人商谈。

此后，国务院台湾事务办公室和海协负责人多次公开表示，在海峡两岸事务性商谈中应表述一个中国原则，但不涉及"一个中国"的政治含义，表述方式可以充分讨论协商。

上述建议在广大台湾同胞中产生强烈反响，也引起台湾当局的极大关注。置身商谈第一线的海基会希望台湾当局能对事务性商谈中"一个中国"的问题作出政策上的"适当说明"。

从1992年4月22日开始，台"国统会"花费3个多月的时间对"一个中国"问题展开深入持久的讨论，于8月1日做出"一个中国"含义的"结论"。其基本观点是：①"海峡两岸均坚持一个中国之原则，但双方所赋予含义有所不同"。②1949年以后，中国处于暂时分裂的状态，由两个政治实体分治海峡两岸。③台湾当局制订"国家统一纲领"，"开展统一步伐"。

"8·1结论"是台湾当局继"国统纲领"之后又一项重大的政策宣示。同时，李登辉又将这一结论的功能直接界定为："说明如果海基会与中共签事务性协议，其中如有一个中国，文字写下来，我们是什么意见。"台湾当局从原来完全拒绝在事务性商谈中谈一个中国原则问题，转变为允许海基会谈这个问题。这是海协坚持表述一个中国原则产生的效果。

8月27日，海协负责人发表谈话指出："8月1日，台湾有关方面就台湾海峡交流基金会与我会商谈事务性协议时有关'一个中国'含义问题做出的'结论'中，确认'海峡两岸均坚持一个中国之原则'。我会认为，明确这一点，对海峡两岸事务性商谈具有十分重要的意义，它表明，在事务性商谈中坚持一个中国之原则已成为海峡两岸的共识。"海协发表的谈话还指出："我会不同意台湾有关方面对'一个中国'含义的理解。我们主张'和平统一、一国两制'，反对'两个中国'、'一中一台'、'两个对等政治实体'的立场是一贯的。"最后建议，两会"在上述'海峡两岸均坚持一个中国之原则'这一共识的基础上，应尽速恢复并推进事务性商谈，争取积极的成果"。海协会一再表明，海峡两岸交往中的具体问题是中国内部事务，应本着一个中国原则协商解决；在事务性商谈中，只要表明坚持一个中国原则的基本态度，可以不讨论"一个中国"的涵义。

不过，一个中国原则问题在台湾岛内却激起风波。"台独"分子固然反对一个中国，一些不明真相者和反对"一国两制"统一方式的国民党人也有所疑虑。在"台独"分子的鼓动下，1992年下半年，"一中一台"的叫嚣在台湾岛上此起彼落。国民党高层内围绕着如何处理党内公然主张"一中一台"者，展开了一场激烈的斗争。

国民党籍"立法委员"陈哲男、吴梓在质询"行政院长"郝柏村时，要郝柏村"放弃一个中国政策"，遭到郝的严厉驳斥。10月7日，国民党中常会上，中常委、前任"行政院长"李焕提出临时动议，要求处分公开主张"一中一台"的党员，希望中常会通过。党主席李登辉裁定将此动议交国民党考核纪律检查会处理。考纪会经过多次协调后，在10月11日的中常会上提出处理意见：对陈哲男"从轻处分，予以严重警告"，吴梓则"两次均未答复考纪会要他答辩的信函"，建议对吴"另案处理"。明显坦护、宽纵的处理意见引起了蒋纬国和沈昌焕、许历农等老中常委的不满。郝柏村在会上表示，对处分轻重没有意见，但"一个中国政策是国之根本，要籍此案让民众认识这个政策的重要性"。

在老中常委们的坚持下，李登辉为了替陈、吴开脱，竟发言说"一个中国的涵义，对从政同志也好，对老百姓也好，有些模糊不清。建议中常会政治小组针对一个中国的涵义，作进一步深入研究"。

11月25日，国民党中常会政治小组提出了一份"严正声明"，主要内容为："坚持一个中国为'中华民国'，坚持统一在自由民主均富之下的目标下；坚决反'台独'，反'一中一台'，反'急统'，绝不接受中共的一国两制，也绝不承认中华人民共和国代表一个中国。"

经过一个半月的党内争议，国民党中常会在12月2日的例会上，一场激烈争论之后，终于开除了陈哲南的党藉。李登辉"准予核定"，并要求全体党员

"因此案知所警惕，未来任何极端言论均比照从严议处"。

当天的国民党中常会还通过并发表了由政治小组拟的《严正声明》，内容如下：

"缔造民主、自由、均富、统一之中国，是所有中国人共同之期望，亦为中国国民党百年来奋斗不懈之目标。本党同志对此崇高信念与历史任务，自应坚守不渝。中华民国建国81年来，虽历经艰难险阻，依然屹立不摇；国家之法统从未中断。基于中华民国宪法，我国之主权及国际人格，亦不容置疑；而台湾之属于中华民国，其历史事实与法律基础，久经国际社会公认，故台湾之法律地位明确，其归属更无可争议。为期加强共识，本党特再依据国家统一委员会本年8月1日对于'一个中国'涵义之明确宣示，严正声明如次：

第一，'一个中国'即为中华民国，本党绝不接受中共主张之'一国两制'，亦绝不承认'中华人民共和国'足以代表中国。

第二，目前国家暂处分治状态，由于海峡两岸政治制度不同，意识形态歧异，而经济发展与民生水准，亦有差距，既非统一之时机，更乏统一之条件。未来追求国家统一过程中，必须以确保台湾地区之安全及民众福祉为基础，在理性、和平、对等、互惠之前提下，依据国家统一纲领，分阶段逐步达成国家统一之目标。

第三，所谓'台独'与'一中一台'主张，在法理上是属永久分裂国土，在政治上无异自绝于统一之国家。为确保国家安全与社会安定，本党绝不容'台独'与'一中一台'之企图得逞。

第四，凡在台湾落籍、具有国民身份之中华民国人民，无论时间、语言、地区、种族及宗教，均为中华民国生命共同体之一分子，自应不分彼此，团结一致，共同奋斗。

第五，在本党执政下，中华民国未来仍将继续发扬中华文化，反对共产主义，全面加强建设，积极充实国力；并以主权国家立场参与国际事务，以雄厚实力善尽国际义务。

　　谨此严正声明，愿我全党同志及海内外全体中国同胞共体之。"

　　尽管台湾当局在一个中国原则问题上态度反复，但鉴于其基本上还是同意坚持中国只有一个，两项事务性商谈是中国的内部事务，所以半年之后，中断了的商谈开始重新进行。

　　商谈是在香港举行的，选择香港是因为台湾"陆委会"自1992年6月份后，多次公开表示，以后事务性商谈，"原则上都应在第三地"。7月初，海基会表示要恢复商谈的愿望时，奉命提出在第三地商谈的要求。海协认为，两岸事务性商谈问题是中国的事务，原则上以在大陆或台湾进行为主，如有特殊需要，可以考虑在第三地进行。海协于9月30日致函海基会，明确说明，由于海基会的一再要求，作为特殊情况，于10月28日—29日在香港进行一次"海峡两岸公证书使用"问题的工作性商谈，为两会负责人在北京或台湾的正式商谈创造条件。由此，拉开了香港工作性商谈的序幕。

　　1992年10月28日—30日，海峡两岸关系协会和中国公证员协会商谈小组在香港与台湾的海峡交流基金会代表进行了"海峡两岸公证书使用"问题工作性商谈，并就开办海峡两岸挂号函件查询及补偿业务问题交换了意见。这次商谈是1992年3月份北京工作性商谈的继续，旨在解决遗留的分歧问题，为两会负责人在北京或台湾正式商谈并签署协议创造条件。经过两天半的磋商，在事务性商谈中表述一个中国原则问题上取得进展，在两岸公证书使用及查询的业务问题上，取得相当大的进展，获得积极的成果。

　　两岸公证书使用问题的出现是在1991年3月，原因是台湾当局一改过去对大陆公证书视情采用的政策转以委托刚成立的海基会进行所谓"验证"后方可采用的政策，对此，中国公证员协会负责人在1992年1月20日接受新华社记者采访时作了详细的说明。

　　这位负责人说，最近，中国公证员协会收到一些人民来信，对台湾有关方面以未经台湾海峡交流基金会验证为由，拒不采用大陆出具的公证书的做法表示愤慨，认为这是蓄意阻碍两岸人民来往，严重损害了两岸同胞的正当权益。同时，一些台湾同胞也向大陆有关部门来信，急切要求了解事实真相。

　　近几年来，海峡两岸关系有很大变化，两岸同胞各项交往增多。为了维护当事人的正当权益，公证书的互相使用也日益增多。大陆有关部门对台湾出具公证书，不作任何验证，均根据情况分别采证；大陆发往台湾的公证书实际上也被台湾有关部门视情采证。1988年，大陆各县市公证处出具的公证书，发往台湾使用的有1100余份；1989年为4000余份；1990年为8900余份，逐年增多。

　　但是，这位负责人接着指出，去年3月台湾当局委托海基会对大陆公证机关出具的公证文书进行验证，并且规定，只有经过海基会的验证，大陆公证文书才能被推定为真正，台湾有关部门才能采用。这实质上是把大陆公证文书作为私文书对待，是无视大陆公证文书效力的做法，使大陆出具的公证书在台湾的使用受到了阻碍。去年4月30日海基会秘书长陈长文先生拜会司法部时，鲁坚副部长曾明确表示，不赞成文书验证的看法。鲁副部长说，既然互相都在使用，群众也觉得方便，完全没有必要增加繁琐的验证手续，增加群众的负担。鲁副部长还表示，可以就大陆出具的公证书真伪质疑查询问题进行研究，留待下一次具体交谈。这充分表示了我们维护两岸同胞正当权益的真诚愿望。此后，中国公证员协会受委托就两岸文书使用问题进行研究，准许备与海基会进一步交换意见。

　　1991年5月27日，台湾某报报道，声称海基会对大陆公证文书的验证是"具有驻外使领馆认证的性质"。这就使我们对海基会文书验证的真实意图不能不产生怀疑。与此同时，在两岸尚未就公证文书使用问题进一步商谈并取得共识之前，海基会就单方面实行文书验证。台湾有关部门也改变过去对大陆公证文书视情采证的做法，以大陆公证文书未经海基会验证为由，拒绝予以采用。这种倒退的做法，直接损害了两岸同胞的正当权益，为两岸人民的交往设置了障碍。据悉，迄今已有700多份大陆公证文书滞压在海基会（到汪辜会谈正式签订两岸公证书使用查证协议时，大陆公证书积压在海基会已达近万份），未能得到台湾有关部门的采用，这无疑是漠视人民利益的表现。在台湾同胞和新闻媒介要求了解事实真相时，台湾有关方面又制造了很多舆论，将责任推给大陆的公证机关，这种不实事求是的做法，是不利于两岸关系发展的。在这种情况下，使我们尽快商谈大陆公证文书在台湾使用方式的愿望未能实现。去年11月5日，陈长文先生来京再次拜会司法部时，鲁坚副部长指出了上述两个方面的问题。陈长文先生表示可以改变文书验证的做法。但是两个多月已经过去了，大陆公证文书在台湾使用受阻的情况仍未改变。

协会负责人最后表示，为了尽快解决两岸公证文书相互使用问题，中国公证员协会于今年1月4日致函海基会，表明了只要台湾改变文书验证的做法，我们愿就这一问题尽快进行商谈的态度。遗憾的是，海基会在1月9日给中国公证员协会的复函中，仍然坚持文书验证的做法。中国公证员协会重申，只要海基会本着维护同胞正当权益，方便人民群众的初衷，停止单方验证，并促使台湾有关部门恢复以往对大陆公证文书视情采证的做法，我会愿意就两岸公证文书的使用问题，包括对两岸文书的真伪质疑相互查询的问题，与海基会进一步交换意见。

香港商谈，海协锁定首先解决两岸公证书使用查证问题。但这次恢复协商极待克服的问题，仍是"一个中国"政治原则如何表述，及双方承办相关业务，是否涉及两岸"官方接触"的争议。双方仍将以3月间各自提出的草案架构展开讨论与修正，不过，海协坚持纳入"一个中国"政治原则的立场并未改变。

海协商谈小组一行6人于1992年10月26日抵港。27日双方代表商定先后在海协提供的场地（香港世贸中心会所）和海基会提供的场地（港丽大酒店）进行两天的商谈。

海基会由法律服务处许惠祐处长主谈，海协会方面则由咨询部周宁主谈，双方经10月28日、29日协商，仍然无法达成最后共识，海基会乃建议延长会期，双方于10月30日下午在港丽酒店继续协商，仍因"一个中国"问题难有共识而致会谈中止。10月31日海基会就实质问题协商所得之初步共识，整理成书面资料，并于当晚交予海协会协商代表。海协会人员于11月1日离港，海基会人员则依台北指示，继续停留香港，至11月5日确定海协会无返回协商之意，方始返回台北。

在这次商谈中，海基会代表开始避而不谈一个中国原则的表述问题，在海协代表坚持之下，海基会代表先后拿出八种表述方案，海协商谈小组也拿出五种方案，双方进行讨论。台方虽然承认海峡两岸公证书使用是中国内部的事务，双方均应坚持一个中国原则，并且表达了谋求国家统一的愿望，但双方在文字表述上很难达成一致。

30日下午，应海基会代表的一再要求，双方又小范围交换了意见。海基会代表坚持，如海协要写上"海峡两岸均坚持一个中国之原则"，台方就必须加上"认知各有不同"的字样，表明他们对"一个中国"的看法与海协不同；如果海协不同意写上这句话，他们要加上"鉴于国家处于长期分裂状态"，以表明中国已分裂为两个对等的政治实体。商谈行将结束时，海基会人员拿出他们的最后表述文字"在海峡两岸共同努力谋求国家统一的过程中，双方虽均坚持一个中国的原则，但对于一个中国的涵义，认知各有不同。惟鉴于两岸民间交流日益频繁，为保障两岸人民权益，对于文书查证，应加以妥善解决"。海协代表提出，有共识的部分可以写上，"认知各有不同"的分歧部分由台方自行处理，但对方坚持不同意，并提出用口头声明的方式表述一个中国原则的建议，希望在达成谅解前提下，"各说各话"。事实上，自3月份北京工作性商谈以来，国务院台办和海协负责人曾多次公开表示，海峡两岸事务性商谈中一个中国原则的表述方式可以充分讨论协商，这实际上表明表述方式可以是文字的，也可以是口头的。这次香港商谈，海基会人员不但同海协人员讨论了文字表述，还提出了口头表述的建议，表明一个中国原则问题的协商已取得进展。海协人员表示，①双方在坚持一个中国原则问题上已有共识，而且双方都表达了谋求祖国统一的愿望，这是此次商谈的重要成果；②返京后将转告海基会采用各自口头声明表述一个中国原则的方法建议。

30日晚上，台湾"行政院陆委会"副主委马英九表示，海基会代表许惠祐只被授权对"一个中国"的表达方式，与对方交换意见，过程完全不涉及"一个中国"等国家定位的实质内涵问题的谈判。马英九还说，两岸在磋商事务性问题时，不可避免地会面临一些政治性问题；想要完全"不沾政治的边"，是不切实际的。以前的《金门协议》中，双方针对渔民纠纷的管辖关系进行商谈，即属一项高层次的政治性问题。

11月3日，海协领导在听取了商谈小组汇报并做了认真评估后，由副秘书长孙亚夫电话通知海基会秘书长陈荣杰："这次工作性商谈，不但在具体业务问题上取得了相当大的进展，取得了不少共识，而且也在海峡两岸事务性商谈中表述一个中国原则的问题上取得了进展。这是有关各方共同努力的结果。""在这次工作性商谈中，贵会建议采用贵我两会各自口头声明的方式表述一个中国原则。我们经研究后，尊重并接受贵会的建议。口头表述的具体内容，另行协商。"在此之前，海协已于11月2日致函海基会，指出："两会于10月28—30日在香港进行的'海峡两岸公证书使用'问题的工作性商谈已经结束；建议对商谈结果进行评估后，有关问题的进一步商谈，在北京或台湾、厦门或金门进行，并由两会负责人士在上述四地之一签署协议。"

3日深夜，海基会将其对外发布的新闻稿传给海协，稿中第一条表示："本会经征得主管机关同意，以口头声明方式各自表述，可以接受。"据此，海协于11月16日致函海基会，积极评价了此次工作性商谈，重申在海峡两岸事务性商谈中坚持一个中国原则的基本立场，再次表示"尊重并接受"海基会提出的在相互谅解的前提下，以各自口头声明的方式表述坚持一个中国原则的建议。函中说："为使海峡两岸公证书使用问题商谈早日克尽全功，现将我会拟作口头表述的要点函告贵会：海峡两岸都坚持一个中国的原则，努力谋求国家的统一。但在海峡两岸事务性商谈中，不涉及'一个中国'的政治含义。本此精神，对两岸公证书使用（或其他商谈事务）加以妥善解决。"

海协会16日电函中还以附件的方式，将海基会在10月30日下午所提的表述第八案附在函中，以此表示同意这一表述。即："在海峡两岸共同努力谋求国家统一的过程中，双方是均坚持一个中国的原则，但对于一个中国的涵义，认知各有不同的。惟鉴于两岸民间交流日益频繁，为保障两岸人民权益，对于文书查证，应加以妥善解决。"

台湾海基会11月17日回函，表示欢迎两会各自以口头表述"一个中国"的方式，又说，海基会已授权香港商谈代表许惠祐前后提出台方对"一个中国"原则的八种方案，已表达了自己的立场。以此暗示海基会认为，双方无约定时间同时口头声明的必要。另外，公证书及挂号信函商谈将整理出协议草案文本，未完成的具体内容部分双方可以函电方式继续沟通。但海基会的函中并未否认海协会16日专函中所附的海基会表述第八案。至此，一个中国原则问题的协商告一段落。

此外，香港商谈在解决海峡两岸公证文书使用的具体业务上也取得了五点共识。

主要包括：①在两岸公证书使用联系方式问题上，海基会不再坚持以海协作为联系主体，同意与中国公证员协会进行联系。②海基会接受了海协提出的相互寄送公证书副本以便于文书使用部门核对的方案；双方在相互寄送公证书副本的种类上，也已达成基本共识。③双方在对公证书使用中就文书内容或形式真伪提出查询及查询事由方面达成基本共识。④双方同意相互支付查询费用，费用标准再行商定。⑤双方同意本协议由海协与海基会签署。

总的来说，在这次协商中，凸显了两岸对"一个中国"之认知大有不同，从而促使双方以务实的态度，思考事务性问题事务解决。在实质问题方面也有显著进展，通过商谈累积成果，以两岸人民的利益为依归，在务实的原则下，早日促成问题的解决。

另一方面，在人们为商谈取得共识和进展顺利欣慰的同时，另一个问题也值得思考，那就是：这项事务性商谈的障碍究竟何在呢？

就在香港商谈结束后不久，台湾"陆委会"急忽忽发表了一份声明，对大陆方面横加指责与无端攻击。声明称香港商谈没有取得最后成果，"功亏一篑"的四个原因是"中共凸显政治企图"、"海协会缺乏诚意"、"海协会代表授权不足"、"商谈时间太短"等等。这份说辞充分显示，台湾方面极力回避"一个中国"原则问题，急于在"第三地"香港解决商谈，而不愿意商谈继续在大陆或台湾的任一城市进一步进行。这种心态的背后真正地充满了"政治企图"，那就是台湾当局一再试图推销的"两岸为对等政治实体"的政策目标。

附：海基会、海协会就一个中国原则所提表达方案一览表（海基会制表）

海协会所提"一个中国"的五种表达方案

1. 海峡两岸文书使用问题，是中国的内部事务。

2. 海峡两岸文书使用问题，是中国的事务。

3. 海峡两岸文书使用问题，是中国的事务。考虑到海峡两岸存在不同制度（或国家尚未完全统一）的现实，这类事务有其特殊性，通过海峡两岸关系协会、中国公证员协会与海峡交流基金会的平等协商，予以妥善解决。

4. 在海峡两岸共同努力谋求国家统一的过程中，双方均坚持一个中国之原则，对两岸公证文书使用（或其他商谈事务）加以妥善解决。

5. 海峡两岸关系协会、中国公证员协会与海峡交流基金会依海峡两岸均坚持一个中国之原则的共识，通过平等协商，妥善解决海峡两岸文书使用问题。

海基会依陆委会授权所提 "一个中国" 的五种表达方案

1. 双方本着 "一个中国，两个对等政治实体" 的原则。

2. 双方本着 "谋求一个民主、自由、均富、统一的中国，两岸事务本是中国人的事务" 的原则。

3. 鉴于海峡两岸长期处于分裂状态，在两岸共同努力谋求国家统一的过程中，双方咸认为必须就文书查证（或其他商谈事务）加以妥善解决。

4. 双方本着 "为谋求一个和平民主统一的中国" 的原则。

5. 双方本着 "谋求两岸和平民主统一" 的原则。

海基会依陆委会授权就海协会所提表达方案之修正意见

1. 鉴于中国仍处于暂时分裂之状态，在海峡两岸共同努力谋求国家统一的过程中，由于两岸民间交流日益频繁，为保障两岸人民权益，对于文书查证，应加以妥善解决。

2. 海峡两岸文书查证问题，是两岸中国人间的事务。

3. 在海峡两岸共同努力谋求国家统一的过程中，双方虽均坚持一个中国的原则，但对于一个中国的涵义，认知各有不同。惟鉴于两岸民间交流日益频繁，为保障两岸人民权益，对于文书查证，应加以妥善解决。

附：海协会11月16日函告海基会的口头表述要点

海峡两岸都坚持一个中国的原则，努力谋求国家的统一。但在海峡两岸事务性商谈中，不涉及 "一个中国" 的政治含义。本此精神，对两岸公证书使用（或其他商谈事务）加以妥善解决。

第二部分

震荡台湾岛

海基会"躺在担架上"

　　台湾当局对海基会的设置及任务规定的确是煞费苦心。不过，当前台湾政坛却是五音杂陈，各种派系或利益的代表争权激烈，互别苗头，在对待海基会的事务上也不例外。加上台湾解除戒严之后举行的几次选举，一批"台独"主张者进入"立法院"等机构，这些人基于其"台独"立场，害怕海峡两岸因扩大交流而拉近统一距离，自然对负责台方对大陆交流具体事务的海基会百般挑剔和抵制，并一再与民进党"立委"联手在"立法院"中质疑海基会的活动，要求"监督"海基会。

　　海基会1991年4月第一次组团访问大陆，"礼节性拜会"国台办、司法部、交通部等单位，这本是"初次见面，请多关照"的客套，但由秘书长陈长文率领的访问团成员返回台湾后，却受尽政界乃至新闻舆论的质问，怀疑他们言行不当，以致于"总统"李登辉、"行政院长"郝柏村不得不先后出面讲话肯定有关人员的大陆之行。8月份，海基会在历经"闽狮渔"事件之后，再次由陈长文率队访问大陆，回到台湾后，海基会向授权部门"陆委会"提出"放宽大陆人士来台限制"的七项改革意见。台湾报纸报道说，海基会成立半年，深感其所担负的两岸交流业务充满变数，处理无奈。海基会在处理有关大陆人士来台之各项业务时深感台湾现行法令难以有效归纳，所以提出放宽建议，建议有关方面修正包括大陆人士"来台定居年龄要件及亲属范围"、"未满12

岁者应先到自由地区之要件"、"来台奔丧之申请期限"、"探病奔丧亲属范围"、"因涉案而进入台湾地区者之安置"及"诉讼关系人之入境"等有关规定。

海基会的建议尚未有回音，自身却在台湾政坛上再次遭到抨击。8月中旬，"立法院"质询"陆委会"业务时，一些"立委"一再要求海基会负责人要到院备询，陈长文开始时以海基会为民间团体，备询于法无据为由加以拒绝，其后在政客们的压力下，不得不前往"立法院"。"立法委员"又在质询时挑剔陈长文的态度"倨傲"，并以陈长文身兼多职而非专任海基会秘书长为由，要求陈长文辞去海基会秘书长之职。陈长文一怒请辞。经海基会董事长辜振甫出面慰留后暂时留任。

9月底，"陆委会"在"立法院"压力下，决定制订《海基会监督条例》，提交"立法院"审核。这个条例草案共有十三条条文，"立法院"除将海基会明确纳入监督外，对于海基会与大陆方面的来往也有清楚的规范；至于秘书长的专兼职问题并未在条例中明定，"陆委会"拟透过党政协商寻求解决。海基会的自主性功能，受到一定程度的限制。

草案内容包括：

- 陆委会为海基会的主管机关。
- 海基会的经费预算书和业务计量书应在年度开始六个月前报请陆委会核准。
- 立法院认为有必要时，主管官员得率海基会秘书长、副秘书长到院报告。
- 海基会秘书长、副秘书长的聘（解）任应报请主管机关备查。
- 海基会人员赴大陆处理有关两岸事务，应事先报请主管机关同意。
- 海基会未经主管机关许可，不得与大陆签订协议或协定；与大陆签订的协议或协定，须经主管机关认定后，始得生效。

海基会内部对订定该会的专属条例仍抱持反对的态度，认为该会一经"立法院"立法监督，势将改变海基会的民间团体地位，与大陆政策矛盾。

海基会对"陆委会"制定监督条例一事公开表示了反对意见。

副秘书长陈荣杰毫不保留地对此种作法表示不以为然，认为此举与政府当初为避免与中共进行官方接触而设立海基会的目的不符。如果"陆委会"采用草案原案，海基会一定会有意见.

陈荣杰说，海基会愿意接受各界的监督，但监督的方式应该是透过委托机关与海基会所订定的"委托契约"，至于"立法院"的监督，则可经由对"行政院"主管机关的监督来达到效果。该会董事长辜振甫、秘书长陈长文都认为针对海基会设置监督的条例并无必要。

陈荣杰列举不宜制定海基会监督条例的原因为：

一、政府现阶段大陆政策就是将两岸关系定位于民间层次，条例的制定，将使两岸关系现阶段定位在非官方的政策或多或少受到影响，而这一监督的结果如果使业务更难推行，也是各界所不乐见的。

二、监督条例将剥夺董事会原有的权限，依据海基会有关章程，非关委托业务的事务，应由董事会或董事长批准即具拘束力，但依监督条例，董事会的部分决定仍需送主管机关核可，甚至修改。

尽管海基会一再表示反对，台湾社会各界对是否应专门"立法"监督海基会议论纷纷，但此事拖至1992年3月，台湾"立法院"还是通过了海基会监督条例，正式将海基会这个"民间机构"置于其直接监督之下。陈长文也辞去秘书长职，专任海基会副董事长。

副秘书长陈荣杰接替了陈长文的秘书长职务，这是海基会的第二任秘书长。

陈荣杰是台湾省籍人，他接替海基会秘书长之职，在台湾本土意识高涨，"台独"分子活动猖獗的时期来负责台方从事两岸接触磋商的事务，比福建省籍出身的陈长文似乎多了一点"省籍优势"。怎奈台湾岛内政局纷乱，国民党高层争权不已，大陆政策也成政争工具，海基会对上无法得到授权单位"陆委会"的全力支持，对下无力大幅推展两岸交流以符民望，每推展一项业务都被"台独"分子恶意指骂为"卖台"，因而海基会充满无力感，陈荣杰就任不到一年之后，在"立法院"审查《海基会监督条例》时，公开海基会与"陆委会"的矛盾之后辞职而去，到台湾自立晚报社当社长去了。

1993年1月6日，在台湾"立法院法制与内政联席会"上，"陆委会"主委黄昆辉与海基会秘书长陈荣杰为了制定海基会监督条例而互相抱怨，进而起了冲突，质询的"立法委员"反而充做调停人。话题是从"轮椅"和"担架"说起——

陈荣杰：海基会成立的时候，已经受了许多严密的限制，今天如果再制定一个监督条例，只是徒具形式的意义，而无实质的意义。假如制定监督条例能够使海基会的业务更加顺畅，我将举双手赞成。但是，我在海基会工作了两年，我的感觉是，第一年我是在轮椅上，大家推着我往前走，今天我好像是躺在担架上，一点活动能力也没有，在这种情况之下，是否有必要制定监督条例，请各位冷静地思考。

今天在台湾，将海基会秘书长的地位贬得如此低，要求却又如此多，如何使秘书长到中国大陆去面对共产党呢？今天我所提供意见并不是为我个人，而是为整个海基会的运作及两岸关系的顺利运作，不过，就我个人的感觉，今天即使没有此一条例，海基会也已经是躺在担架上了。

黄昆辉：在推动大陆政策时固然要以法制来运作，但也不要忘记其政治性，目前政府唯一授权与大陆交涉的单位就是海基会，这样的任务具有高度敏感的政治性，为国人所高度重视，所以法律要跟政治走，而不是政治跟着法律走，由政治需要来制定法律。海基会陈荣杰秘书长一向非常谦虚，而海基会也做得不错，即使是躺下来也会做得很好。

买书需陆委会核准

谢长廷（立法委员）：适才本席听陈秘书长的发言，原先以为他所谓"躺在担架上"是指目前条例草案太严，如照草案通过会使海基会如躺在担架上不能行事；后来听他举例才发觉，他是谓目前海基会即躺在担架上，但目前草案尚未通过，而是由陆委会监督，他充满委屈与不服气的言词，完全是表示不满现在陆委会的作法。你们之间是否已不讲话？坦白说，平常是否有沟通的机会？

黄昆辉：充分。

谢长廷：充分沟通怎么会如此？为何陈秘书长会说躺在担架上？你们之间没有沟通吗？照你所言，他举的例子是海基会初成立的事，所以开始时虽是躺在担架上，但后来放宽后反而是坐轮椅上了，是否如此？你刚才对王委员的回答是表示，初期因较敏感所以审核较严，目前已较宽，已充分授权，陈秘书长所说的"在担架上"是指过去而非现在。是不是？

黄昆辉：对。

谢长廷：陈秘书长你为何将过去的事提出来丑化陆委会形象呢？

陈荣杰：谢委员与黄主委日理万机可能不会了解个案的核准，因陆委会的小事即海基会的大事，所以我会铭记在心而较清楚。就买书此小事而言，至目前为止，还是须经陆委会核准的程序。

黄昆辉：行政事务天天处理，难免有个案与办理预期有出入。

谢长廷：本席想找出病结所在。适才陈秘书长说他内心在哭，本席也觉得内心应痛苦，同样是行政机关，而且你们两位应是最有共识的，双方单位应是合作的，但却发觉你们心里的距离十分远。

黄昆辉：事实上，事务处理中，机关中难免有不同意见与看法，此点谢委员应可同意。

谢长廷：既然这样，本席能否作个要求，你们两位握个手，你们两位是否吵架了……

陈荣杰：谢委员，您言重了。

黄昆辉：谢委员是很会制造气氛的人……。若照委员的意见刻意握个手，好像是真有什么事情，但是没有啊！我们经常都在握手，因此何必在别人导演之下握手。

监督不是取而代之

陈水扁（立法委员）：陈秘书长您为何形容自己过去好似"坐在轮椅上"，而现在又好似"躺在担架上"呢？

陈荣杰：本人所谓"坐在轮椅上"是指精神层次上而非肉体上。我想陈委员应该非常清楚……

陈水扁：陈秘书长是否认为海基会现已"坐在轮椅上"、"躺在担架上"，"监督条例"是否通过已无关了？

陈荣杰：本人之意思是不论"监督条例"是否通过，两会都已按"监督条例"之精神在运作。"监督条例"通过不是没有关系，而是形式与实质不同而已。

陈水扁：陈秘书长是否认为虽形式上尚未通过，实质上已"碍手碍脚"了。

陈荣杰：本人从未以"碍手碍脚"字眼来形容工作。

陈水扁：您不是用"坐在轮椅上"、"躺在担架上"等字眼吗？

陈荣杰：这两个意思大不一样。

陈水扁：难道还须"打点滴"吗？

陈荣杰：这是下一个阶段，现今尚未到此程度。

未想和陆委会分割

陈水扁：海基会就是三不政策下的畸形产物、畸形儿，又是连体婴，你们能和陆委会分开吗？我可以体会你们想独立自主，但没办法，你们和陆委会是连体婴嘛！具有共同的心、肺，无法分割，想独立自主根本没办法！

陈荣杰：我们从未想要和陆委会分割或独立自主。

陈水扁：整个问题就是国家定位的问题、国家目标的问题，才有今日海陆不和的问题。

陈荣杰：没有不和。

陈水扁：没有不和还牢骚那么多。真的不和就要打架了。

陈荣杰：若忠诚地陈述被称为是牢骚，那你怎么叫我说实话？

陈水扁：那我就要百分之百照单全收，不能讲你一句话？请你回座，本席不敢请教你了。

陈荣杰：你要我回座，我拒绝接受。

陈水扁：要不要坐轮椅？还是躺在担架上回去？

陈荣杰：总有一天的……

应制定一监督条例

陈水扁：我们今天很关心为什么两会对立的关系紧张得超过两岸关系？

黄昆辉：今天在此不谈感性的话，纯粹从事实面，让我愈来愈感到监督条例应尽快订定。举例来说，陈秘书长九月十五日要去大陆与海协会秘书长会面，但他没有先向陆委会报告，这必须经正式报准核定。我知道了，就打电话问陈秘书长，求证此事，他起先支吾其词还不承认，后来他说是要遣送一些偷渡者回去，顺便过去看看路线。我认为这种事一个处长去即可，为何要秘书长去呢？他又支吾其词。问他是否约了人要谈，他才告诉我是有这么一回事。我告诉他，要去要完成程序。仅在事先向马副主委提及这几天想要过大陆去，也未让任何人知道什么时间过去，要去做什么。我跟陈秘书长讲，陆委会一定会给你最快的核定程序，希望明天早上备公文来。我和马副主委、高副主委、叶副主委一起开会，二个小时赶快完成。虽然他们认为不该去，但我觉得他一直要求，且已和对岸谈妥。姑不论谁约谁，谈的内容为何，应有程序还是要完备，才约去谈。……

陈水扁：那陈秘书长为什么事先支吾其词？

黄昆辉：我想他当时应是忙中疏忽，但我认为如果制度确立了，这种事就不会发生。至今为止，我从未对外说过一句海基会不是的话，一向是百般肯定。今天这样说，好像陆委会不讲情理；什么都管，陆委会哪有那么大的精神？且九月十五日要去，十四日早餐会报，马副主委还问及，他都未提到第二天要去大陆，而是我事先查明，完成程序才去。这是少数不寻常的个案。但这也叫本人愈来愈感觉到应制定此一监督条例。（台湾新新闻周刊）

"立法院"会之后，陈荣杰愤然辞职。台湾舆论又是如何看待这一波"海陆风波"呢？台湾"新新闻"周刊有一篇精彩的评论，题为《海基会秘书长应找"黄昆辉们"来干》：

台湾官场多虚伪，有人豁出去也要把话讲清楚，大不了回到坐公车，干自己青菜萝卜的老百姓生活，这是另一形态的"死谏"。宁鸣而死，不默而生，海基会形容词多了一些，倒真应了不默而生的道理，也道出了"海陆情结"的关键所在。

为官之道，必须角色清楚。然而，近年来，海基会始终角色暧昧：它似官非官，是民非民，在官民之间恍若螟蛉子的状态，名分无所定位，暧昧一也。其次，两岸事务乃先创性之事务，无前例可循，海基会名曰"交流"，当然必须与对手广泛接触，并何妨共唱卡拉OK，然而，目前的台湾乃是"吴三桂主义"当道的时代，唱过卡拉OK又再和什么某某人晤面，被骂"脱线"已是客气，如果不客气，一顶"吴三桂"帽子早就飞了过来，暧昧二也。海基会在"官与非官"、"吴三桂与非吴三桂"之间，其实毫无选择的机会，辞官而去乃是唯一的选择。

正因两岸事务有此暧昧，过去两年里，我们的两岸事务遂处处都在闹纠缠不清的"海陆情结"。海基会为求立功，天天"交流"，这种命中注定有"吴三桂"色彩的"交流"，回来后报告写得再怎么钜细靡遗，也是一定会被说成"交代不清"、"支吾其辞"；而相反的是，陆委会是正牌官，个个来日必有大用，为长远宜途计，自必撇清一切与"吴三桂"有关之联想，于是，陆委会官员谈话，必然话犹未出就先咬定立场，陆委会是最反共的机构，也是最损对手的机构，海基会以"交流"为功劳，陆委会以"反交流"为颠扑不破的基本立场，海基会的对手其实并非对岸的某某人或某某机构，而却是它的幕后老板——陆委会。海基会秘书长是"坐在轮椅上干"，"躺在担架上干"，更正确的说法毋宁是海基会秘书长根本从功能上就注定了不能干。未来两岸关系如有任何进展，这种进展必然以无数海基会秘书长为垫背。至于陆委会以各种官僚报表查帐来限制海基会，与它们的结构矛盾相比，只能算痘疗小事。

因此，何止陈荣杰干不下去，除了一种人之外，任何人都干不下去了—这种人心理具有独特的身份，他再怎么"交流"也能取信于最高之当道，他也会在报表帐务上有各种自由度，这种人的概括性名字就是—"黄昆辉们"！

局势后来果为这篇评论所言中。陈荣杰卸任之后，李登辉直接指派了

"总统府"副秘书长兼发言人邱进益去担任海基会秘书长。不过，邱虽贵为"总统"近卫军，得到"总统"信任，到海基会后一举一动仍难免得咎，在完成"汪辜会谈"之后，辜、邱二人却传出一个要交班，一个"倦勤"之说来。此是后话。

1993年1月30日，财团法人"海峡交流基金会"举行秘书长业务移交。陈荣杰正式卸职，他所遗留的秘书长职务，在该基金会董事会通过接任人选之前，由副秘书长兼发言人石齐平暂代。海基会以茶会欢送陈荣杰，同时赠送"功在两岸"纪念牌及该会金质纪念章。

海基会秘书长业务移交仪式，由陈长文副董事长负责监交。在移交仪式过程中，"陆委会"未派员列席。

陈长文在茶会致词时，高度肯定他这位"同班同学"两年来对建立两岸沟通管道的贡献，他说，陈荣杰自该会筹备阶段即参与各项工作，从不争功，并承受很多压力，甚至成为外界诽谤的对象.

陈长文说，陈荣杰两年来的成绩，有目共睹，但因两岸之间的大环境困难，小环境复杂，使得海基会的工作备感艰辛，而他们都认为从事两岸交流工作，改善两岸关系，是他们有生之年值得全力以赴的事，他相信未来陈荣杰也将在其他工作领域上，支持海基会的工作。

陈荣杰在离职之际有感而发地表示，海基会与"陆委会"的权责争议，并不能完全归罪于"陆委会"，而应归因于当初设立海基会时定位不明所导致。

陈荣杰并针对两岸交流的各项问题提出建议。他说，两岸之间的协商活动是一种"艺术"，而非"战争"，双方都需要尊严、面子与利益，协商只是调整双方各取所需的过程，而不是争取输赢成败。

他并说，两岸关系发展的最大障碍在于双方的诚信不足，而且岛内对两岸关系也缺乏共识，加上两岸意识形态差异等先天性因素的影响，使得交流的前景面临多重困难，而他个人因执行两岸交流事务，却经常被诬指为"台奸"，饱受精神威胁，因此，其对当前交流问题的各项诤言，绝非煽情之言。

他说，两岸经贸、文化交流的层面已蓬勃发展，人员的往来也持续增长，但交流的成长与问题的解决，并未成正比。目前政府的规划方案，也缺乏前瞻的眼光，以致适用上经常出现问题。

陈荣杰认为，在两岸特有的政治环境之下，对于两岸的交流，并不能制定明确的交流时间表，而必须顺应两岸情势的变化，采取弹性、务实的策略，才能有效解决问题。他说：所谓的"弹性"，就是对待大陆方面的立场，该强硬的时候就应该强硬，该严正的时候必须严正，但不必受制于意识形态等因素的局限，影响交流问题的解决。

"总统府"接管对大陆工作

陈荣杰离职后，岛内出现了各方势力较劲角逐陈荣杰遗缺的局面，直到2月底台湾"行政院"大改组完毕，李登辉派出"总统府"副秘书长邱进益，海基会秘书长的人事才算确定。

陈荣杰离职第二天，"陆委会主委"黄昆辉就表示，海基会秘书长的继任人选，应该以了解、认同大陆政策并具有良好协调能力与耐心、定力者为宜；而如何考虑，应完全由海基会董事长辜振甫决定。他还说，若辜振甫认为需要与"陆委会"交换意见，那当然无妨。他说，海基会秘书长的人选，在充分条件方面，如人格如何，以及必要条件方面，如能力如何等，各方都会有不同的意见，见仁见智，一切由辜振甫考虑、物色，希望尽快定案。

其后岛内进一步传出陈荣杰职缺出现四股势力较劲的局面。由于"陆委会"和海基会所支持的人选，彼此同意的可能性都不高，因此使外来人选出线的机会最大。基于这个情况，"总统府"的意见便显得举足轻重，而在李登辉主导大陆政策前提下，外传"总统府"的人马将接任海基会秘书长的说法，也就不无可能。

海基会基于鼓舞内部士气的考虑，希望由副秘书长石齐平升任秘书长一职；但"陆委会"根据过去经验，则希望能由"陆委会"内部人员转任。"陆委会"向海基会提出的建议人选，是"陆委会"副主委叶金凤。

在两会的规划之外，于这段期间内自我推荐的人士也不在少数，各路人马包括学术界、民意代表等，可是在这几股势力相互激荡难以决定之际，"总统府"的意见则扮演着关键性的地位。

台湾舆论认为，"总统府"方面曾不止一次透露在完成"宪政改革"之后将致力于两岸关系的开展，海基会秘书长人选最后若真由"总统府"来拍板，则可能透露两项讯息：其一，李登辉希望缩短两岸关系发展的进程；其二，这位秘书长未来可能负有传话的功能。否则，依目前大陆政策的进度，断无安排类似邱进益等高层官员到事务性机构的道理，而且若果真有此安排，海、陆两会自然也都欣然接受。

此外，民进党方面也摆出了要竞争这一职位的架式。民进党籍"立法委员"张俊雄2月3日声明说，他要积极为民进党争取海峡交流基金会秘书长一职。张俊雄提出理由说，民进党人士出任海峡两岸交流基金会秘书长，不但可消除大部分民众各种不安的猜测与疑虑，也对两岸交流有所助益。

张俊雄说，海基会与"陆委会"近来对大陆记者访台、海陆两会运作关系法制化、两岸中介团体秘书长会面等事项均发生严重争议与歧见。辜汪会谈的主角一位是国民党的中常委，一位是共产党的中央顾问委员，难免有"党对党"谈判的顾虑，若民进党出任海基会秘书长，不但可消除此一错误印象，陆委会也可由此途径监督整个会谈的进行。

尽管群雄竞逐，这项人事案却一直悬缺。2月底，李登辉正式确定由"总统府"副秘书长兼发言人邱进益出任海基会副董事长兼秘书长，"总统府"机要室主任焦仁和出任"陆委会"副主任委员。二项人事任命在海内外引起政治观察家们的极大兴趣，评论认为，邱进益接任海基会秘书长，与焦仁和接掌"陆委会"副主委，是李登辉全面掌控大陆政策的先声。此一布局具有多层政治意义：既想澄清"独台"疑虑，又想安抚国民党内失去权力的非主流派，（邱、焦皆为大陆籍人，焦又与非主流派某些人有来往）更能使"国统会"、"陆委会"及海基会"三位一体"；而最明显的是，邱进益形同李登辉的白手套，将成为两岸谈判的台湾代表。这项充满高度政治意义的人事布局案，将使得台湾在未来三年的大陆政策上，呈现新风貌；同时两岸的互动关系，预期将因为邱进益是"李登辉的白手套"的角色，而有不同于以往的变化。

台湾一些报章评论认为，李登辉在他"总统"的任期内，一手主控外交、军事和大陆政策三方面。如果以连战组阁为时间的分界点，大致可分为"安内"和"攘外"两个阶段。前三年，他将所有的心力挹注在"终止动员戡乱时期"、"废除临时条款"、"完成两阶段修宪"及"国会全面改选"等重大政治课题上。而连战组阁之后，李登辉在对外事务上倚赖钱复掌控全局，在军事方面，他自己可以抓紧军令权，又起用文人孙震出任"国防部长"，主掌军政系统，其余的财经内政，则放手让连战去自由发挥，因此，未来三年，李登辉将全心全意地推动大陆政策。而李登辉将他的两名亲信邱进益和焦仁和，分别外放到海基会和"陆委会"，则是他将全面掌控大陆政策的先声。

从这一次与大陆政策有关的人事异动结果来看，李登辉把邱进益由"总统府"副秘书长降一级，放到海基会去当秘书长，而日后邱进益必须站到第一线去与中共谈判交手。此外，李登辉又把他的机要室主任焦仁和，外放到"陆委会"担任副主委，而焦仁和平时都陪同李登辉接见外宾、担任记录，而且他是李登辉相当倚重、不可或缺的机要人员。李登辉的这种做法，是一种政治性动作。有的台湾报刊还认为，这个人事布局，对台湾方面也有多种政治意涵，影响深远：

——等于是李登辉间接宣示，目前他推动大陆政策比建设台湾更重要，意在澄清外界对他有"台独"、"独台"倾向的疑虑。

——以邱进益个人的政治资历，竟被李登辉放在海基会秘书长，而不是"陆委会"主委的职位，可见李登辉一方面体认到现阶段两岸的接触，不可能达到"全官方"接触的地步，而必须借助海基会。不过，另一方面李登辉却可以巧妙地透过邱进益，直接掌控与大陆方面的接触，使台湾的大陆工作，不再只是文书验证和遣返等细琐的"热身运动"。果真如此，则邱进益将成为两岸政治谈判的第一个台湾代表。

——原先李登辉有意让焦仁和出任"陆委会"第一副主委，后来虽然因为官场伦理的考量，由高孔廉升任，不过焦仁和至少还是政务官。以焦仁和在官场上稍嫌浅薄的资历，能由"总统府"机要室主任一跃而为"陆委会"副主委，实在是其来有自，因为焦仁和以"反共爱国联盟"（一个与国民党老一辈官僚立场相似的组织）副主席的强烈色彩，得以参与李登辉的大陆政策决策，这个象征性意义，对非主流人士而言有莫大的安抚作用。

——虽然为李登辉执行大陆政策的邱进益和焦仁和都是外省人，但是海、陆两会的最高决策者辜振甫和黄昆辉，都是亲李登辉的本省籍人士，这种省籍分工的结果，有助于消除外界认为国民党的大陆政策会出卖台湾的疑虑。

——李登辉藉由邱进益、焦仁和这两颗棋子的摆放，使"国统会"、"陆委会"、海基会联结在一起，三者之间打破臣属的关系，而呈现出"三位一体"的平行分工模式，有助于大陆工作的推动。

李登辉对大陆工作的人事布局，完全摒除台湾传统官场职业政客与技术官僚的二分布局，在李登辉手下出掌大陆事务者，清一色都是政治取向，这在国民党党史上是绝无仅有的记录，也远比"世代交替"或连战组阁更具政治性意义。

早在今年1月中，在李登辉的人事棋盘上，就已经准备把邱进益调出去当海基会秘书长了，只是李登辉一直没有和邱进益谈过这件事，而邱进益也一直未蒙李登辉当面告知，所以当外界有此传闻而向邱进益求证时，邱进益一概否认。据说，李登辉对邱进益这种排拒的态度相当不满。或许李登辉视邱进益为他的"内官亲信"，所以他认为不必与邱商量，邱应会有所领悟，全力配合他的全盘布局。

而焦仁和出任"陆委会"副主委一事，更加凸显李登辉大陆事务人事调动政治取向的特质。自从马英九确定出任"法务部长"之后，"陆委会"第一副主委的遗缺，李登辉即有意让焦仁和以外省籍和"爱盟"健将的象征性身份接任，以表示对非主流人士的包容；冲淡"内阁"改组时刻意排除非主流人士入阁的色彩。而黄昆辉对焦仁和到"陆委会"来并无意见，只坚持第一副主委必须由高孔廉内升。这或许是适度的平衡邱进益和焦仁和在海、陆两会的位阶。在3月3日的国民党中常会中，通过了这项人事派令，但是，焦仁和直到3月1日才被黄昆辉找去征询意愿。虽然以黄昆辉和李登辉的交情，黄昆辉应是"有所本"才会找焦仁和去谈，但是，焦仁和还是以先向李登辉报告为由，请李登辉先"明示"这项人事调动后才答应，他和黄昆辉，甚至连未来的工作想法及分工细节都没有谈。

以李登辉目前推动大陆政策的人事布局来看，只要是在两岸关系上担当重任的人，不论是黄昆辉、高孔廉、焦仁和、叶金凤，还是辜振甫、邱进益，都可算是李登辉的嫡系人马，而除了高孔廉之外，他们又全部都是政治取向的任命，既非技术官僚也不是职业政客出身。台湾的政治观察家的预言说，这样一个高度政治性的组合，再加上邱进益这颗鲜明巧妙的棋子，海基会不但是"陆委会"的"白手套"，更将成为李登辉个人的"白手套"。

邱进益为江苏人，1950年初从舟山群岛到台湾，当时才14岁。在台湾期间，毕业于台湾政治大学外交系和外交研究所。后又到奥地利维也纳大学及西德波恩大学政治研究所学习。1961年通过了台湾的"外交领事人员"特种考试。他在台湾服务公职期间，几乎都在"外交系统"工作，1988年当选为国民党中央候补委员，当年转任"总统府"副秘书长，后又兼发言人，同时兼任"国统会"执行秘书兼发言人、"国统会研究委员会"委员，"陆委会"顾问，国民党中央大陆工作策划小组成员。

邱进益在任海基会秘书长以前，曾多次就大陆政策提出颇具创意的"个人构想"，包括"促成两岸三边会谈"、"两岸签署互不侵犯协定"及"停战协定"等。上任不久便提出，"三不政策"的阶段性任务已经完成，当局应在适当时机认真考虑调整"三不政策"，再过度坚持"三不政策"并没有多大实质意义。

邱进益是在参加"立委"程建人主办的"两岸关系的现在与未来公听会"上发言并于会后接受台湾新闻记者采访时说这番话的。

邱进益说，过去台方坚持"三不政策"，因为这是对大陆的最有效的武器。但目前两岸互动发展至此，过度坚持"三不政策"已无太大实质意义。他举例说，台湾的前"财政部长"郭婉容曾率团到北京参加亚银年会，"陆委会"又开放主管大陆事务官员赴大陆进行业务考察；还有，大陆海协的理事多为国台办官员，双方碰面，这些算不算是"接触"？以上现象显示"三不政策"中的"不接触"已有松动迹象。

邱进益还说，蒋经国从未说过"三不政策"，且"三不政策"也没有任何法律依据。两岸的关系应顺其自然调整，不应有太多的人为干预。至于"三不政策"中的"不谈判"是否也应调整，邱进益说，海基会已被授权可以进行事务性谈判，但如果"政治性谈判"，则涉及范围广，须视"国统纲领"进程而定。

邱进益说他是表达"个人意见"，他认为，政府若主动宣布调整"三不政策"，会是对两岸互动的"一种善意回应"。

邱进益的观点在"立法院"得到立即的响应，不少"立委"在第二天的"立法院"质询时，都提出"三不政策"的确不合时宜，应重新检讨修正。一些人认为，"汪辜会谈"已显示"三不政策"不攻自破。此项会谈也有预为政治谈判埋下伏笔的可能性。还有人认为，自从开放台湾民众赴大陆探亲，以及两岸贸易的增长，都显示了"三不政策"已经过时了，早该调整修正了，等等。

但几乎与此同时，"陆委会""制止"了这种说法。黄昆辉和新上任的副主委焦仁和对外发言声称，"在两岸敌对状态尚未中止之前，三不政策不会完全放弃。"虽然"陆委会"承认，"三不政策其实已经放宽"，"不接触"仅限于官方；"不谈判"已有民间中介团体在谈判，"不妥协"也不可能，因为有商谈必然要有妥协才能解决问题。不过，两位官员说，"政策就是渐进的，不可能一下子将所有的筹码放出去。"

这一时期，台湾一些高官上至李登辉、连战，下至黄昆辉、焦仁和等人频频发表有关两岸关系的谈话，口气有软有硬，有松动也有坚持，一时在台湾岛内外引起颇多猜测。对此，邱进益在3月20日接受台湾《中国时报》记者专访时解释说，这是为了"试探大陆方面的反应"。

邱进益说，新内阁上任以来，政府各阶层人士发表有关"两岸关系"政策的谈话，是"先放出一个讯息"，希望中共方面有所回应。"辜汪会谈"对两岸关系未来的发展的确被赋予指标性的期待，如果会谈气氛营造得好，从近程阶段跨入中程阶段前的准备工作，都可能经由海基会与大陆海协会协商完成，而"三不政策"因应现阶段需要而重新定义、规范，可能是必要的。以下为邱进益接受访谈摘要：

两岸关系需重整脚步

记者问：这一连串领导阶层有关两岸关系极具积极意义的谈话，密集地在不到三周的时间内公开宣示，两岸关系的气氛在我们这一方面已给予国际间相当"开放"、"热络"的感受。新内阁上任以来，李总统、连院长、黄主委以及你的谈话，都有相当"开放"、"积极"的意味，请分析一下整个背景与意义？

答：随着宪政改革完成，新政府上台，基本上我们是满有诚意逐步推动两岸关系，总统府、行政院到陆委会都有这项共识，两岸关系应该是互动的，最近一连串的谈话是先放出一个讯息，等对方来回应。

"辜汪会谈"从去年8月就提出来，两岸开始在准备，可是，到现在已经半年多了，还没有展开。现在应该是两岸关系需要重新调整脚步的时候了，希望能很踏实稳健地迈出去。不过，这一定要中共配合，不是由我们单方面来做。

问：李总统把"辜汪会谈"期许为两岸关系未来发展的指标，为何有这么高度的期待？

答：两岸关系经过这么多年，由完全隔离、军事对峙到现阶段的民间交流，下一步该怎么走，一定要理清楚，首先要看看两岸之间的接触管道能不能通畅一点，也就是现在一再强调的海基会与海协会之间建立制度化沟通管道，而不是像以前随着单一事件或问题，一下到香港，一下到北京去谈。两会之间协商出一个制度，从会长、秘书长到处长三个层次，例如两会会长每半年会一次，其他两个层级的人再如何沟通等等，这对两岸关系是很重要的一步，接触管道建立以后，慢慢地可以一步一步试着把国统纲领的近程阶段完成。

问：你的意思是否表示如果"辜汪会谈"的气氛营造得很好，管道建立起来，以后可以逐步将近程阶段中属于政治性的议题也纳入两会会谈的议题中，以求完成近程阶段进入中程阶段？

答：这要看陆委会是否会授权，以及对方接不接受纳入这类的议题，比如如何"摒除敌对状态"，两岸是不是能签一个协定？这势必要有政府的授权，海基会才能去谈。基本上，我认为不必急于在第一次就谈这类的事，先把气氛营造好，再慢慢把议题层次向上提升，层面拉大。

问：依你的意思，国统纲领近程阶段的完成，应是海基会的任务，这也是"辜汪会谈"被如此高度期许的原因？

答：是的，但是不要有时间表的压力给我们，这关系到台湾2000万人的身家性命，政府的考虑够不够，反对党要不要检验？

问：这也正是很多人的疑虑，国统纲领由近程阶段跨入中程阶段的四个先决条件，应如何确定？如何正确解读中共是否有善意回应？

答：当然，近程阶段的四个条件不可能像刀切豆腐一样那么明确，由近程跨入中程是两岸之间非常重要的一步，所以，我认为朝野两党应该建立起大陆政策沟通管道，共同为确保台湾2000万人的福祉负责。

依我个人对中共态度的观察，我们的经济实力已经相当厚实，以致在国际上，中共已经有无力封杀的无奈，这虽不是善意回应，对我们来讲确是有利的，国际空间一步步走出。总而言之，中共的基调未变，政策则是在松动中，在这样一个气氛下，最适合进行两岸之间"辜汪会谈"形式的接触。

问：你提到"三不政策"的"不接触"部分应该调整，是否表示需要给"三不政策"重新定义、规范？

答："三不政策"就像台湾实行"三七五减租"、"耕者有其田"一样已经完成阶段性政策目标，可以功成身退，或是依据现实新况给予新定义，这可以由陆委会或国统会来做，才能让有机会与中共官员接触的公务员进退有所依据。

李登辉：两岸关系发展的重要指标

海基会人事改组后，台湾方面对"汪辜会谈"态度转趋积极。3月19日，李登辉首次对"汪辜会谈"公开发表意见，称会谈"可以说是未来两岸关系能否更进一步发展的重要指标，也是踏出两岸接触的第一步"。

李登辉是在会见美国加州大学一名中国问题研究专家时作这样的表态的。他说，基本上，这项会谈是属于民间性质，非政治层面的接触。但是两岸总是要谈的，没有接触不行，所以这次辜汪会谈是一个基础，也是为将来两岸接触发展跨出重要的第一步。李登辉还表示，目前两岸关系仍停留在非官方交流层次，对于经由辜汪会谈以期逐步解决两岸因交流衍生的问题，李登辉强调说："本人至表乐观。"

从上述谈话可以看出，李登辉对"汪辜会谈"有着很高的正面的期望。但他的这一期望经由新闻报道而公开后，在台湾岛内引起了一股"汪辜会谈热"，不仅赞成加快统一进程和早日实现两岸"三通"的声音大涨，"台独"主张者和民进党方面的反对和"制衡"的声浪也升高了。不久之后，李登辉再次发表谈话为"汪辜会谈热"降温。

3月31日，李登辉在接见台湾优秀青年代表时，突然话锋一转，离开青年主题大谈起"汪辜会谈"来。

李登辉说，由于"辜汪会谈"即将举行，大陆政策一夜之间变成热门话题，但是，"话题热门，并不代表我们的大陆政策已经有了大转变，这点大家一定要有清楚的认识"。

李登辉强调说，"辜汪会谈"是属于民间性质的，目前两岸关系仍是在非官方的交流层次；希望藉由"辜汪会谈"，来逐步解决两岸因交流衍生的问题。

他还强调，台湾"当前的大陆政策是依据'国家统一纲领'的原则，'两岸人民关系条例'的规范，积极推动交流活动，使大陆当局与同胞，有勇气、务实地重新认识与尊重中华民国在台湾的历史与现实。各位要知道，海峡两岸长久处于敌对状态，不相往来，互不了解，如今，虽然民间有了文化、经贸交流，但是40多年的敌视、猜疑、疏离，不是短时间可以完全消除的。"因此李登辉特别呼吁大家一定要有耐性。

台湾报纸报道说，李登辉对"辜汪会谈"相当重视，希望能营造两岸关系发展的理性而良好的气氛。但是最近"辜汪会谈"的话题被炒热，以至于岛内若干人对大陆政策产生疑虑，甚至以为政府即将进入"国统纲领"的中程阶段，与中共进行官方对话。李"总统"对这种"过热"的现象感到担心，因此特别借着接见青年奖章得奖人及优秀青年代表的场合，对政府现阶段的大陆政策提出廓清。

"总统府"官员说，"李总统认为辜汪会谈是未来两岸关系能否更进一步发展的重要指标，也是踏出两岸接触的第一步。然而李总统也希望国人能冷静理性地看待辜汪会谈，不要作太多政治化的联想，以免引起不必要的误解与争议"。

上述讲话透露出李登辉代表的台湾当局对汪辜会谈乃至两岸关系的发展有着两个方面的期待和政策用意：第一，台湾当局希望在其政策范围内，按步就班地推动两岸交流活动，以缓和两岸关系，减少敌视猜疑。第二，也是台湾当局大陆政策最根本的内涵，则是希望以积极的、推动交流的大陆政策的执行来换取中共同意将台湾当局作为一个"政治实体"对待。换句话说，就是希望中共同意台湾当局提出的"一国两府"，给予"国际空间"。台湾当局正是本着"对等政治实体"的目标来筹划汪辜会谈的。

3月9日，台湾"陆委会"通过报界透露了该会正在草拟的"汪辜会谈政策说明书"主要内容。包括：制定说明书的用意；汪辜会谈的性质，议题范围；会谈地点选择等。

当天，在北京采访的台湾记者们急不可待在一个公开场合拦住了国台办发言人李庆洲，要他针对"说明书"草案的内容表态。李庆洲简略地回答说，汪辜会晤有助于两岸进行事务性商谈，基本上我们的态度，旨在力促会谈实现。

李庆洲并且表示，今年对台工作的重点在加速推进两岸关系的发展，加强两岸经贸合作与联系，并侧重完成事务性的商谈。

去年一年，海协与海基会进行的有关共同打击台湾海峡海上犯罪活动、两岸公证书使用及挂号函件查询补偿等事务性协商，李庆洲认为，基本上已有共识，但没有结论，他说，今年希望能有所突破。

李庆洲表示，汪辜会晤将有助于两岸事务性协商渠道的建立。对于会谈的地点，李庆洲说，我们希望能在大陆或台湾，尤以北京最理想。而台湾提出第三地新加坡作为会晤的地点。

至于对台湾方面提出"连环套"，也就是将两岸公证书使用、挂号函件查询补偿两项商谈与汪辜会谈挂钩，要求两项商谈先谈出具体成果，由海基会与海协秘书长级人士草签协议，再讨论辜汪会谈的预备性磋商，以促成辜汪两人会晤。李庆洲表示，我们认为，这种程序性设计不尽合理。在海峡两岸事务性商谈中，需要解决的问题都应该赶快解决。不要搞"连环套"，不应该人为地排列哪个先解决，哪个后解决，这样不利于维护两岸同胞的正当权益。

此外，对于邱进益将赴海基会担任秘书长一事，台湾舆论认为台湾当局有提升海基会位阶之说，李庆洲说，这是海基会内部的人事问题，不便表示意见，但他同时强调，海协副会长唐树备的位阶也不低。

3月11日，海基会召开董监事会议，通过了邱进益任副董事长兼秘书长的任命，邱进益正式出任该职。第二天，海峡两岸关系协会连续向海基会发函二封，一是祝贺邱进益出任海基会副董事长兼秘书长，并邀请邱进益率团访问北京。

函中指出，一年多来，两会建立了密切的联系，在促进两岸民间交往与交流，妥善处理交往中产生的具体问题，以及推动事务性商谈等方面进行了合作，得到了两岸同胞的肯定，对两岸关系发展有所助益。

为加强两会的合作及联系，邀请邱进益早日率团访问北京，可商洽两会会务，也可商谈两岸公证书使用、挂号函件业务问题，还可就"辜汪会谈"的准备事项交换意见，或可讨论双方关心的其他问题。

另一函，以海协常务副会长唐树备及副会长兼秘书长邹哲开具名，致函给邱进益本人，重申"喜闻"邱进益出任新职，并希望两会进一步加强联系与合作，为促进两岸关系发展共同努力。也表示他俩"盼望与先生早日面晤"。

邱进益收到海协邀请函后，对于是否接受邀请，仍表示，非常希望在去北京之前，能先解决文书使用和挂号函件业务这两个技术性的问题。邱进益说，两项业务商谈能早日告一段落，对"辜汪会谈"的环境营造有很大帮助。对于大陆的邀请，他说，如果是纯属礼貌性拜会、访问，而不谈任何议题，则劳师动众、空手而返并不适宜。不过，北京一行如果有涉及任何协商议题，那么他就必须先与"陆委会"进行商议。

"陆委会"方面则由副主委高孔廉表示了与邱进益相同的态度，仍坚持"连环套"。并说，台方希望继续香港会商解决两项事务性协议中的最后的技术问题，然后由邱进益去草签协议，而不是去商谈协议。在文书查证与挂号信函的商谈没有定案之前，邱进益"暂不考虑访问大陆"。

随后，恰值全国人大和全国政协两会召开，此事再次延宕下来。

但另一方面，汪辜会谈已引发了台湾岛内新一波的对台湾当局"一个中国涵义"、"三不政策"、"双重承认"、"政治实体"、以及"独台"、"台独"等政策与政治概念的热烈争论。

在一项"国是座谈会"上，国民党内一个小派系、新国民党连线"立委"郁慕明说，现在大陆政策的主导权已完全掌控在李登辉的手中，由最近的迹象看来，今天的大陆政策已在改变，民进党也开始谈大陆政策，赶搭这班列车，因为民进党担心一旦国民党当权派和中共当权派的关系开始改善后，民进党会被排除在后续的协商之外，会完全失去对大陆政策的发言权。

郁慕明表示，过去台湾朝野在大陆政策上各唱各的调，今后，民进党的"台独"和国民党部分人士的"独台"主张，已因为著眼于两岸经贸利益，必须调整脚步，逐渐形成一致。

郁慕明强调，在国民党与民进党两党的大陆政策愈来愈"接近"时，重点在于"是要统一大陆或是被统一"，这就牵涉到基本政策、立场，绝不能有丝毫的暧昧，而要坚定地标明态度。

另一名"立委"李庆华说，国民党在国家认同的立场上，绝不可混淆、模糊，今天在台湾的两千万人，哪一个不爱台湾，但是爱台湾，又关心大陆，为什么就被抹黑为"卖台"，今天我们能不能要求李"总统"、民进党在说"我是台湾人时"，还加上"我也是中国人"？民进党、部分国民党人士，应停止乱扣帽子、乱搞省籍分化的举动，大家共同建立"中华命运共同体"。

在"立法院"总质询时，"立委"们又把质询话题集中于此。高育仁说，两岸关系的发展与大陆政策的制定，已成为政府大政方针最重要的一环，但是政府官员及学者专家对两岸关系的定位以及大陆政策的基本理念，仍然模糊不清。他质问说，"一个中国"与"一个中华民国"到底如何界定分辨？"两个政治实体"与"两个政府"、"两个国家"、"两个中国"、"一中一台"有何分别？

他进一步质询说，中共主张的"一个中国"与我们所坚持的"一个中国"有何分别？"一国两制"与"一国两治"又是如何？"台独"与"独台"如何区分？

这些理念在内政上及外交上，在国内法上及国际法上，是否有一致的诠释？或有不同的涵义？两岸往来互助是"中国内部事务"或是"国际间事务"？

高育仁指出，两岸关系已发展到一个抉择的关键时刻，过去的"文字游戏"与"创造性的模糊"，再也无法满足新时期国家与人民的需求，政府必须早日制定一套能为全体人民理解，并能为国际社会接受的政策理念及步骤。

"行政院长"连战在答询时说，"政府"所主张的"一个中国"，就是"一个主权独立自主的中华民国"，中共所说的"一个中国"，就是中华人民共和国，台湾是中华人民共和国的一部分，我们无法认同这样的"一个中国"。连战接着说，两岸分裂的事实，不应该影响彼此的进步发展，因为彼此的发展有利于未来一个中国的统一，这是双方面都应有的体认，不是"中华民国"单方面的责任。

高育仁对连战的答复并不满意，他再质询说，两岸对"一个中国"各说各话的结果，已使国人甚至无法答复一些常识性问题。他举例说，"中华民国"的领土有多大？人口多少？首都在那里？大陆政策混淆不清的内涵，已使台湾民众无法回答这些简单的常识性问题。

连战原本指派"陆委会"主委黄昆辉答询。于是，改由黄答复高育仁的再质询，不过高育仁不满黄昆辉的答复内容，仍然坚持连战答询。于是，连战再答复说，"两岸关系不能分类为国际关系"，但他又说，两岸都要有勇气面对分裂的事实，这才是负责任的态度。

连战在回答另一"立委"的质询时则说，"我们的国家是一个独立自主的主权国家，务实外交是要来实现国家的目的，增进国家的利益。务实外交只是一个手段，不是一个目的"。

"立委"吴德美在总质询时质疑，"务实外交"是基本路线，如何和一个中国的理念相互吻合？连战又答询表示，"务实外交是要达到实现国家目的的一个手段，所以手段上可以允许自己有相当的弹性，但是我们不能放弃这个弹性所要达到的目的，即维护中华民国独立自主、主权国家的尊严"。

新闻媒体热烈地参加了讨论。台湾新生报发表《以务实态度处理两岸问题》的社论说，"没有理由坚持三不政策"。社论说：

"三不政策"一直是政府对于两岸关系的最高指导原则，也就是大家都耳熟能详的"不接触、不谈判，不妥协"，此一政策在以往海峡两岸处于敌对状态时，未始不是对应中共统战的良好策略，因为国人对共产党及共产主义所知不深，若冒然和中共接触，很容易为其蛊惑利用，所以最好的办法就是不打交道。但是现阶段主、客观的形势都已产生巨大的改变，这可从经济、政治、社会及国人的心理建设三方面来讨论。在经济方面，以往我们的主要贸易对象是美国，是否与中共接触并不重要，而中共的经济也没有必要和我们接触。但是现在的情况则完全不同，因为我们的贸易对象也从美国逐渐转移到中国大陆，无论从原料、市场、人工各方面而言，海峡两岸均已结成密切的经济共同体，有人说这是"大中华经济圈"，但不管怎么说，若从经贸的观点而言，我们非与中共接触不可。

再从政治方面来看，国家的统一是中华民国的国家目标和基本理念，若要达成国家的统一，却不与中共接触，那岂不是矛盾？海峡双方对于同一问题的看法诚然会有歧见，但若不接触，则歧见永远存在，国家统一不过是一个渺不可及的幻想而已。

此外，政府近年来一直想在国际社会有所突破，所谓务实外交、双重承认都是想达到此一目标的手段。但是大家只考虑到我们如何努力和其他国家建立关系，却忽略了若没有中共的同意，这一切都是白费。以双重承认模式而论，若中共不同意，我来他走，双重承认永远不可能，更不必说中共在国际间是一大超强，一般国家不可能弃大就小，放弃中共和我们建立邦交。所以说，若要在政治方面有所突破，我们非和中共接触不可。

从社会方面来看，自从政府开放大陆探亲，两岸交流大幅成长，探亲、旅游者络绎于途，人民间的交往日益密切，相对的，各种纠纷和民、刑事案件也日益增多，目前这部分工作是委由海基会处理，但海基会是民间团体，行事多有不便，碍于政策，做起事来更是碍手碍脚。前秘书长陈荣杰更有"躺在担架上"办事的比喻，其效率可想而知，为了两岸人民的切身权益，此时政府有必要和中共展开接触，以解决各种事务性问题。

诚如邱进益秘书长所言，三不政策的阶段性任务已经完成。今后我们需要的是更务实、更有前瞻性的大陆政策。今日政府应摆脱掉以往对中共的恐惧，以自信和理性的态度来面对中共，共商中国问题的解决。

台湾工商时报3月22日的社论则认为，两岸关系正处于转折点上。社论说：

李总统于此时表现决心加速推展两岸关系，应有深一层的政治考虑。自从去年底执政党爆发政争并陷于分裂危机以来，李总统在新内阁人事布局上的强势作为，遭到党内外不少质疑，特别是台湾地区数百万外省籍同胞以及海外侨民对李总统的误解尤深。值此台湾内部矛盾升高以及海峡两岸关系日趋敏感之际，李总统适时展现进一步发展两岸关系的决心，实有安抚内部不安情绪，稳定两岸关系的重要政治意义。

我们一向主张政府对于两岸关系的发展应采取积极进取的态度，不必刻意回避双方的接触。事实上，近两年海基会与大陆海协会的多次接触，虽说是两岸民间的接触，但两岸绝大多数的民众都不认为这种由两岸官方直接指挥的两岸接触，是所谓真正的"民间接触"。我政府过去所坚持的"不接触"政策，其实早就没有意义了。而现在邱进益以总统府副秘书长之尊称任海基会秘书长，未来一日与中共方面接触，尤将具有重大的政治涵义。日前邱进益表示"三不政策"应有所调整，这是负责任的表现，也是突破两岸政治僵局的务实态度。两岸当局须先有接触才能增进彼此的了解，我政府在心态上从"不接触"转向"接触"，无疑是一大突破。

然而，两岸进一步的接触并不能保证两岸关系即能有突破性的发展，甚至若在双方接触后仍无法产生意见交集，则反而可能导致两岸关系某种程度的倒退。现在李总统已打出邱进益秘书长此一极具政治意义的王牌，未来究竟能否打破发展的重大障碍？抑或可能冒两岸关系倒退的风险？实为两岸朝野所共同关注的焦点。

从两岸政治形势来看，我政府一向坚持中共当局应将我方视为一对等政治实体，并须让我方有独立自主的外交空间，但中共当局则坚持一国两制，只愿承认我方为一经济实体。双方这种坚持迄今不但未有任何改变，甚且还出现更为分歧的看法。

最近中共对外经贸部长李岚清在答复记者关于两岸加入关贸总协定问题之时，即斩钉截铁地表示两岸间未来经贸谈判是中国内部问题，不须透过国际组织来解决。中共在关贸总协定这等国际经贸组织已是如此态度强硬，遑论盼望其在政治性极高的联合国做出任何妥协。

在两岸这等南辕北辙的政治立场下，若期待藉升高接触层次来换取中共当局对我政治地位问题的妥协让步，恐怕是一厢情愿。政治根本问题的解决，必须循序渐进，也必须彼此先建立互信的基础，更须客观大环境的配合。现在显然还不到两岸解决政治根本问题的时候。因此，双方接触固毋需过于避讳此一问题，但绝不能作任何不切实际的期待。

那么，现阶段两岸的接触应将目标放在哪里呢？我们认为两岸当务之急除了解决两岸交流所衍生的各种事务性问题之外，还须放宽视野，扩大交流的局面。两岸关系发展要有所突破，既然不能以政治问题之解决作为前提条件，就必须跳出政治的框框，拿出更务实前瞻的突破性做法。在现阶段两岸可以进一步发展的关系，毫无疑问的，就是经贸合作关系，经由经济发展来推动两岸关系。两岸间必须在经济方面作更广泛的交流及合作，才有可能在互利互惠的基础上，发展良性的政治互助。这关键的一步必须及早迈出去，两岸关系才会有真正突破性的发展。

现在两岸关系正处于关键性的转折点之上，我方跨出的每一步皆可能产生极为深远的影响。我们至为珍惜两岸好不容易所建立的善意互助的关系，因此至盼我政府能掌握两岸问题之症结所在，配合新的人事布局，突破政治的藩篱，迈出关键性的一大步，这也是两岸升高接触层次后应有的积极作为。

发生了一起劫机插曲

3月23日，海峡两岸关系协会负责人通过新华社，就台湾"陆委会"3月18日发表汪辜会谈背景说明书一事发表谈话说：我们已经注意到了这份说明，对其愿意早日举行海协会长汪道涵和海基会董事长辜振甫会晤的态度，我们由衷赞赏。我们十分重视汪辜会晤，殷切期望这次会晤能为海峡两岸经济合作、海协与海基会的联系与合作、两岸各项交往与交流产生积极的推动作用。

海协还表示，早日实现汪辜会晤是海协的积极主张，海协并为此进行了不懈的工作和努力。海协也注意到台湾海基会和有关方面为举行汪辜会晤做出了许多努力，并高兴地看到他们正在加紧会晤的准备工作。目前举行汪辜会晤的时机已日臻成熟，我们再次邀请海基会负责人与我会及早举行预备性磋商，共同推动汪辜会谈早日实现。实现汪辜会谈不仅有利于海协与海基会的联系与交往交流，而且对促进两岸关系的发展，对海峡两岸都有利。我们相信在双方共同努力下，这一倍受两岸同胞瞩目与期待的会谈能够早日实现，并能取得积极成果。

第二天，海协就收到了海基会来函，海基会急切于25日便派员抵北京与海协协商，因而要求海协给予协助安排入境、住宿及车辆等事宜。海基会函中说：贵会有意积极促成辜汪会谈，本会甚赞同，并已于历次函电中向贵会表示我方重视之意。贵会今再邀请本会秘书长前往访问，并进行预备性磋商，自有助于会谈之早日实现。为协调相关事宜，创造辜汪会谈之有利条件，并就两岸文书查证等协议之草签预作准备，本会拟指派业务主管率相关人员于3月25日前往北京，与贵会协商。

两项事务性商谈从1992年10月底香港商谈后，已拖延了半年，海基会对再次商谈解决双方遗留的歧见一直态度不甚积极，为何今次又急切于两日之内，便要赴北京商谈解决呢？来自台湾的小道消息说，是因为李登辉发了脾气。据说李登辉将黄昆辉和邱进益请到他的办公室，询问汪辜会晤的进展情况后，语气不悦地表示，不能再拖了！此说自然有待查证，不过，海基会今次态度急切得令人意外却是事实。

海基会派出法津处处长许惠祐一行6人，25日到达北京，目的在于先行解决两岸公证书使用和挂号函件业务两项事务性商谈的遗留问题，为邱进益访问北京草签这两项协议并与海协进行汪辜会谈预备性磋商铺平道路。海协会对此尽量给予配合。

3月26日至27日，海峡两岸关系协会与台湾海峡交流基金会就两岸公证书使用和挂号函件业务的两项议题进行第三次工作性商谈。中国公证员协会、中国通信协会邮政专业委员会人员分别参加了这次商谈。这两项事务性商谈在历时一年、多次磋商之后终于取得共识，共同拟定两项协议草案。这是海协与海基第一次取得事务性商谈的具体成果。

3月底，汪辜会晤的话题在台湾岛内炒热。海基会法律处处长许惠祐与海协顺利完成两岸公证书使用和挂号信件查询的协商返回台湾之后，舆论均认为，此事已为汪辜会晤营造了良好的气氛。于是，舆论的注意开始转向海基会秘书长邱进益即将赴京进行有关"汪辜会晤"的预备性磋商之行。

先是李登辉表示，汪辜会晤是两岸关系发展的一个重要指标，又是邱进益个人意见"三不政策"可以松动，于是岛内另一些政治势力大为紧张。民进党坚持要组团"观察"汪辜会晤，理由是担心会晤变成国共两党谈判，担心李登辉藉两岸政策的主导，造成另一个强人政治时代的来临。并表示，如果国民党不同意民进党组团观察，民进党则要求暂缓汪辜会晤。在"立法院"，3月31日通过设立"两岸事务特别委员会"案，要加强该院对两岸事务的监督。美国在台协会理事主席白乐崎也跳了出来，专程从美国赶到台湾，频频会见台湾的一些政界人士，公开评论国民党和民进党的大陆政策，说国民党是"乐观冒进"，民进党是"盲目不着边际"。另一方面，岛内也对汪辜会晤中海协可能提出的议题多方猜测，比如，台湾的"安全局长"宋心濂主动向民进党"立委"陈水扁放话说"中共将在会谈中提出开放三通和摒除两岸敌对状态的政治性议题"；三大报之一《联合报》连续刊登特派记者北京电，报道海协可能会将"两岸直航"以临时提案形式提出，还可能会在会谈中打"台商牌"，以实现中共两岸经济合作的政策目标。一些报纸更围绕着邱进益进京会不会入宿国宾馆钓鱼台、会不会与中共高层官员会面等大加猜测与讨论，更增加了会谈"陷井"密布的气氛，升高了会谈的政治性。

台湾当局在与民进党沟通不得要领之后，决定对汪辜会谈"降温"。3月30日，李登辉在会见台湾优秀青年代表和青年奖章得奖人时，突然改变话题，强调台湾目前的大陆政策没有转变；强调，汪辜会谈是属于民间性质的，目前两岸关系仍是在非官方的交流层次；还强调台湾当局推动两岸交流活动目的在于"使大陆当局和同胞，有勇气、务实地重新认识与尊重中华民国在台湾的历史与现实"。

4月3日，台湾"行政院大陆委员会"正式核准授权海基会秘书长邱进益于4月7日至11日到北京草签两项协议，并与海协进行汪辜会谈的预备性磋商，同时公布了一份规定详细的"授权书"，对邱此行的性质、议题、行程等方面比前一份背景说明书作了更加严格和细致的规定。

内容包括：

一、本次磋商仅限于解决两岸民间交流衍生之事务性、功能性及技术性问题，不得涉及任何政治性问题。

二、本次磋商之对象，仅限于大陆海峡两岸关系协会及红十字会相关人员，不与中共高层官方人员接触或会晤。

三、本次磋商，我方建议优先讨论之议题包括建立两会制度化沟通管道、两岸共同防制犯罪（含落实执行遣返作业）、保障人民人身及财产安全、保障台商权益、专利商标保护问题（但不包括两岸直接双向投资问题）、两岸青年交流互访、科技交流、智慧财产权保护等。

四、大陆海协会所提之议题，如涉及政治性或超越国家统一纲领近程阶段事务者，均不在授权范围之内。

五、本次磋商仅限于与海协会交换意见并寻求解决问题之共识，不得正式签署协议。

六、本次磋商之行程应予公开。

此外，"陆委会"还要求邱进益一行在返台后，须于三日内将完整的磋商过程与结果以书面向"陆委会"汇报，以便"向社会各界说明并向立法院提出报告"。

邱进益在接受授权时强调他"一定坚持任务单纯化、议题集中化，一切透明化的原则"，要求各界多给予支持，让他们能全力以赴。

从这一段台湾岛内对"汪辜会晤"的反应来看，说明了几个方面的问题：首先，汪辜会晤具有很高的象征意义，汪道涵是前上海市市长和中共中央顾问委员会委员；辜振甫是国民党中央常务委员、三届元老。两人的会晤是四十多年来海峡两岸有关方面分别授权的两个民间团体最高负责人的首次谈判，无论所谈内容为何，结果如何，都预示着两岸官方接触的开始，虽然它表面上是以间接的、民间的面目出现。其次，台湾当局希望进一步与大陆进行高层次的接触商谈换取大陆方面承认其为"对等的政治实体"；台湾民众则期待着会晤能够成功，促进解决攸关民众权益的两岸往来实际问题，比如两岸直航。再次，台湾岛内外都存在着不愿意两岸关系加快发展的政治势力，他们必然或公开或暗中阻挠两岸间可能出现的任何有利于统一的迹象。再再次，岛内存在的多元化政治声音，必然对台湾当局的大陆政策形成多方牵制，也可能成为台湾当局与大陆打交道时的一项筹码，各方政治势力对大陆政策主导权的争夺将随着局势的发展而更形激烈。

4月4日，海基会许惠祐等人先行飞往北京，为邱进益之行作先期安排，"汪辜会晤"的序幕拉开。

就在邱即将访问北京前夕，发生了一起劫机插曲。

4月6日早晨8时30分，中国南方航空公司深圳至北京的CZ3157航班从深圳黄田机场起飞，预定于上午11时抵达北京。机上共有乘客185人和13名机组人员。飞机起飞约半小时，抵达江西赣州上空，坐在机舱中间的两名乘客从座位前的密码箱内摸出一个巧克力糖铁盒，两人的脸涨得通红，突然起身往外走时用力过猛，把座椅弄歪了压在后排的乘客身上，后排的乘客责备他们动作粗鲁，两人也不分辩，嘟哝着就往机舱前走。两人没有再回到座位上。一会儿，飞机开始沿着海岸线飞行，机舱里传来机长的声音，说明由于天气的原因，请大家系好安全带。接着飞机穿越云层引起比较剧烈的颠簸，9时30分左右，机翼边出现几架台湾的军用飞机，乘客们开始议论：可能飞机遭劫持了。9时50分，飞机降落在台北桃园机场，机上广播传出劫机者的声音，说是不满共产党的统治所以用暴力劫机，接着是机长说，飞机发生劫机后，为了大家的安全，所在飞行过程中没有惊动大家。40分钟后，上来了4个手持冲锋枪的台湾防暴警察，把劫机者带出了飞机。

事后调查，两名劫机者一为河北唐山钢铁公司招待所采购员29岁的黄树刚，另一为河北丰润县农民23岁的刘宝才。从他们随身携带的行李中，搜出猎枪一支，内有两发子弹、警用防暴枪一支，内有三发子弹，以及剧毒物氰化钾和6万多元人民币的巨款。

劫机事件再次引起两岸互动。客机被劫的消息在9时半就由空中传回地面航管站，据说，有关方面迅速层层上报至国务院副总理朱镕基，朱致电李鹏总理商量对策，决定通知机长，不必反抗劫机，降到哪里都没关系，但要求确保旅客的安全。台湾方面，接获机长要求在台湾机场降落的讯息后，立即上报到"总统"李登辉和"行政院长"连战处，连战下令有关部门"依国际惯例"和台湾处理原则尽速处理，即劫机嫌犯"留置询问"，客机及乘客则依原定航程尽速恢复航行。台湾"陆委会"副主委高孔廉负责协调处理。在台湾方面截留飞机后，海基会立即发电与海协联系，海协回电对台湾方面的协助表示感谢，并要求台湾方面尽快让乘客和机组人员原机返回，尽快遣返劫机者。

经过近六个小时的协调和台湾方面的询问调查，台湾方面决定飞机与乘客原机返回，但要求机长在驾机返回大陆时必须绕道停落香港。劫机犯则被台湾方面扣留。下午3时42分，这架波音757客机终于起飞离开台北，在经过香港领空后于下午5时20分抵达广州白云机场。广东省政府副秘书长吴锡源代表省府慰问了旅客，185名旅客稍事休息后换乘南方公司另一架客机飞往北京，晚上9时许抵达首都机场。

被台湾方面扣留的劫机犯如何处理的问题在海内外引发争论。台湾方面，"法务部长"马英九说，两名劫机犯的犯罪地点在台湾当局的管辖领域内，"依国际惯例和刑法属地主义原则"，台方有司法管辖权，因此黄、刘二人会由台湾司法机关依法进行侦查，台方不会将此二人依两岸"金门协议"或台方制定的"台湾地区与大陆地区人民关系条例"予以遣返。"行政院长"连战4月7日向国民党中常会汇报此事时说，对于劫机者应依国际民航组织公约基本精神依法处理，绝不同情对有危害航空飞行安全的暴力行为。依照台湾当局的意思，劫机犯不准备交给大陆处理，而是由台湾司法机关审判后在台湾服刑。但台湾法律界有人不同意当局的这一作法，海基会副董事长、红十字会秘书长陈长文以"个人身份"发表看法说，两名劫机犯可以依"金门协议"遣返。台湾没有必要将其留在台湾审判。他认为，虽然劫机者落地时在台湾管区，但依国际惯例和东京公约等国际条约，劫机者通常引渡回原来国家审判，因为这样较能收到惩戒作用。将两劫机者留在台湾审判并无意义，因为审判时·须传讯机长等证人到台湾作证，只能使问题更加复杂，从两岸关系上来考量，也可作为一种互惠善意的表现。

在香港，《明报》4月7日的社评认为，过去两岸都曾出现因政治因素左右此类刑事案件的作法，但现在，随着两岸关系的缓和，双方已逐步修订政策。1988年发生两名大陆青年劫持民航机到台之事，台湾当局首次决定不再考虑什么"反共义士"之说，将劫机犯"依法处理"。（不过，事后审判并非依劫机罪而是依"非法入境"罪从轻发落，台湾当局还是难逃刑事问题政治解决之责）解决此类事件牵涉的"管辖权"问题，本来两岸都有各自的坚持，若采取"政治挂帅"的立场，双方就无法商谈合作打击犯罪等实务问题了。因而《明报》建议两岸采取实事求是的态度，以民航局的航空管理区为准，决定对犯罪事件的管辖权。也就是罪犯在台受审服刑后遣返大陆。

此案处理未定，4月7日下午邱进益飞抵北京，在首都机场记者会上，面对记者追问"会否因劫机事件在预备性磋商中增加关于两岸共同防治犯罪的议题？"以及"对于海协要求尽快遣返两名劫机犯之事将如何处理？"等问题，邱只简要回答。"我们不要把议题扩大"，"目前此事进入台湾司法程序，若海协有意见，我会把意见带回"。邱并一再表示他此行并不曾得到授权谈论此事。海协方面，副会长唐树备在答记者问时表示："正通过正常渠道与海基会联系，此事不应成为我和邱先生此次会面的主要议题。"

毕竟双方就"汪辜会晤"所将进行的磋商意义重大，劫机事件只是一段插曲罢了。

[**再版补遗**]

法网不漏两岸难容

——海峡两岸合作打击劫机犯罪的开始

新华社记者　范丽青　王怡珩

白色的厦门游轮"白鹭号"于1997年7月16日中午靠泊金门岛水头码头。台湾有关方面首次遣返的两名劫机犯罪嫌疑人黄树刚、韩凤英就在金门水头码头交给我方。两人被带上"白鹭号"船，铐上手铐。他们将被押回厦门交给其犯罪发生地的公安部门，由当地司法机关依法追究刑事责任。

黄树刚、韩凤英分别于1993年4月6日和9月30日与同伙犯罪分子劫持南方、四川航空公司班机到台湾。被遣返的此时此刻，韩凤英泪流满面，黄树刚表情木然。4年前，他们抱着到台湾寻个"好出路"的美梦，干下了两岸人民共愤的勾当，对于今天的下场的确是没有想到！

视台湾为"劫机者天堂"

见证此次遣返的中国红十字会代表张希林说："我们遣返了台湾劫机嫌疑人刘善忠之后，台湾遣返黄树刚、韩凤英，对此我们表示欢迎。这是两岸合作打击劫机犯罪活动的良好开端，希望台湾方面尽快遣返全部在台湾的劫机犯罪嫌疑人。"

劫机行为不论动机为何，都是举世公认的严重威胁旅客生命安全的重大刑事犯罪。1970年国际海牙公约规定：必须使劫机者受到严惩。

海峡两岸当前特殊形势下的劫机事件，是两岸不法分子，为了逃避罪责，或出自个人目的铤而走险，企图利用两岸的尚未统一既逃避劫机犯罪应受的惩罚又捞取个人好处的行为。对于此类罪犯理应依法严厉制裁。但长期以来，台湾当局为了政治上的需要，或为了凸显所谓"司法管辖权"，拒不遣返劫机者。这实际上是鼓励劫机犯罪行为。

1988年5月12日，厦门航空公司飞往广州的8397航班被劫降落在台北清泉岗军用机场，这是民航客机第一次被劫在台湾岛内降落。事后，中国民航管理局一再发表声明，要求台湾方面遣返劫机者，但台湾当局竟称劫机者目的是"投奔自由"，情可原谅，将劫机者"轻判"3年，入狱"服刑"1年9个月后又"假释"，允许其在台定居。台湾当局的所作所为为劫机者提供了有恃无恐敢于冒险犯罪的先决条件。

在"白鹭号"上，一脸沮丧的黄树刚在回答记者提出的"为什么要劫机到台湾"的问题时说："这种想法不是一时半时形成的。主要是受到国民党、台湾方面的诱惑宣传的影响，为了个人名利，觉得台湾那边好，只要过去了，就会没事了。"

黄树刚曾是河北唐山钢铁厂宾馆的采购员，他利用采购工作之便，侵吞公款几十万元人民币。他的劫机同伙刘保才则犯有赌博、私藏枪支和贩卖枪支罪，两人均是河北省公安厅的通缉犯。就是这样的两个人持枪劫机到台湾后，台湾有关方面还为他们举行记者会，渲染他们所谓"投奔自由"等政治言行。

黄树刚、刘保才劫机案发生后，当时海峡两岸关系协会致函台湾"海基会"，中国民航局局长蒋祝平也致函台北桃园机场负责人，要求保证旅客、机组人员和飞机安全返回，并强烈要求尽快遣返劫机者。但台湾当局宣布"人、机分开处理"，再次把劫机者留在台湾处理。于是，一连串以台湾为目的地的劫机事件在1993年的4月至11月里相继发生，劫机频率之高创下世界民航史上的"奇观"：6月24日，厦门航空公司2501号客机从常州飞往厦门途中被劫降落台北桃园机场；8月10日，中国国际航空公司2554号客机从北京至厦门至雅加达途中被劫降落台北桃园机场；9月30日，四川航空公司2625号客机从济南至广州途中被劫降落桃园机场；11月5日、11月8日、11月12日……短时间内连续发生的以台湾为目的地的劫机事件震惊海内外。阴谋劫机者将台湾视为"乐园"、"庇护所"，严重损害空航、旅客的安全，国际国内舆论一致谴责台湾当局对待劫机犯的纵容庇护行为。台湾民众对此发出强烈反对之声，报刊社论也呼吁当局，"对劫机者应表明严正的反对立场"，"应严惩劫机者以洗刷劫机者'天堂'的名声"；台湾"立法院"于1993年11月16日通过11名"立法委员"提出的严惩劫机者议案，要求对劫机者处以最高刑度死刑并决不宽贷。台湾"行政院"在舆论压力下不得不召开跨部会议，讨论调整对现行劫机者不遣返的政策。

遣返劫机者并不难

有关方面的统计显示，1993年共发生10起民航客机被劫持至台湾的事件，留置在台的劫机者及子女14人。1990年台湾当局曾宣布："台湾不欢迎劫机犯。如有劫机者来台，将立即予以遣返。"但当黄树刚、刘保才劫机到台后，台湾当局拒不遣返又改口称，"由于犯罪地有一部分在台湾地区，所以台方具有'司法管辖权'，是否遣返劫机犯，要看两岸就共同打击犯罪的商谈能否达成协议"。明显表露出想利用劫机者达到所谓承认台湾"司法管辖权"的政治目的。

台湾当局借口两岸没有遣返劫机者协议而不能遣返劫机者，这并非事实。早在1990年9月，海峡两岸的红十字组织就签署了《金门协议》。协议第二条规定遣返对象为："违反有关规定进入对方地区的居民、刑事嫌疑犯或刑事犯。"

劫机嫌疑犯就是刑事嫌疑犯，劫机犯就是刑事犯，当然属于《金门协议》的遣返对象。《金门协议》自签署以来，执行情况还是好的。中国红十字会代表张希林告诉记者："协议签署以来，两岸红十字组织参与见证遣返的刑事嫌犯与刑事犯已达70人。这说明，只要台湾方面真诚合作，遣返劫机者同样可以做到。"

在"白鹭号"上，劫机犯罪女嫌疑人韩凤英一直紧闭双眼，无声流泪。1993年9月30日农历中秋节，她与丈夫杨明德携5岁儿子干下了劫机恶行，最终结果家破人散。杨明德、韩凤英在台分别入狱，儿子只能先寄养在救济中心，后被一户人家收留。

此案发生后，中国民航总局发言人、公安部发言人相继发表谈话，强烈要求台湾当局从保障乘客生命安全和促进两岸正常交往出发，按照《金门协议》立即遣返在台所有劫机者，并希望两岸就民航保安问题展开协商签订协议，从根本上杜绝海峡两岸间劫机事件的发生。台湾法学界一些人士也纷纷表示，"劫机乃重大犯罪，看不出有任何理由不予以遣返。可不待司法程序的开始或终结就强制出境，将其遣返。"

但台湾当局坚持要由两会"专案协商"。祖国大陆方面从维护两岸关系的发展，保护两岸人民的生命财产安全的大局出发，同意由我海峡两岸关系协会与台湾"海基会"就"两岸劫机犯遣返"议题进行协商。协商从1993年11月初开始，第一次商谈就是在厦门举行的。首次商谈双方一致认为"劫机是一种严重的刑事犯罪，应以其行为而非目的作为判定依据，劫机犯原则上应该而且必须遣返航空器所属方处理"等。此后会谈又经过了南京、台北、北京、台北等阶段，经过了副会长级、秘书长级、副秘书长级等多个层级，长达1年零3个月，终于达成"劫机犯原则上应一律遣返"、"劫机犯在侦察阶段遣返"等多个共识。1995年1月底双方就协议文本的内容和文字达成一致。然而，这个协议终因台湾当局把这个协议的签署当成其他议题协商的筹码，大搞"连环套"而拒绝签署，使签署遣返劫机犯协议的努力功亏一篑。

遣返刘善忠做出良好示范

美丽的鹭岛厦门与台湾金门近在咫尺，近十多年来在海峡两岸的交流交往中扮演了重要的角色，在两岸劫机犯罪的处理上也引人注目。1997年3月10日，曾发生多起客机被劫事件的厦门，再次成为两岸人民关注的焦点。这一天，曾任职台湾新闻机构的刘善忠声称他对台湾政治不满，受到政治迫害而劫持台湾远东航空公司128次从高雄飞往台北的班机，降落厦门机场。厦门市政府和有关方面迅速妥善地处理这起劫机事件，被劫飞机、乘客和机组人员很快安全返回台北。

此时台湾岛内议论声纷纷而起。台湾当局先是声明强调"具有管辖权"，继而要求遣返刘善忠。台湾舆论说，过去台湾方面总是悍然拒绝同机遣返劫机犯的要求，现在台湾当局又如何要求遣返刘善忠？台湾一些民众呼吁："3·10"劫机案的发生，凸显了两岸急需建立共同处理劫机犯的机制，才能有效遏制劫机行为。

遣返劫机者是祖国大陆的一贯主张。事实证明，我们是言必信、行必果的。3月20日，海峡两岸关系协会常务副会长唐树备发表谈话表示，被厦门警方拘留进行必要审查的刘善忠将依据《金门协议》尽快遣返台湾。经海协通知台湾"海基会"后，5月14日，台湾方面派船来到厦门东渡渔港码头，双方代表进行了简短的交接，劫机嫌疑人刘善忠被遣返回台。

祖国大陆方面迅速遣返劫机者的做法得到了台湾舆论的好评，为两岸遣返劫机犯罪嫌疑人，共同打击劫机犯罪开了一个好头。台湾方面不久亦表示，将尽快安排遣返黄树刚、韩凤英。

"来了比不来还惨！"

得知自己即将被遣返后，劫机犯罪嫌疑人黄树刚在台湾新竹收容所里绝食了。他在1993年入狱，又于去年被"假释出狱"移送到新竹收容所。在台湾，他对台湾媒体记者说："我为自由而来，不但失去人身的自由，还成为政治的筹码。来了比不来还惨，我愿意被遣返回去。"在"白鹭号"上他对记者说："我在台湾这么多年一直检讨自己，深感自己是一个犯下滔天大罪的人。我理应向政府坦白我所有的幻想，然后认罪服法。"对于在台湾的经历，黄树刚说："（台湾）说的都是骗人的，我来到这里绝对是受骗了。"还说："我做这种事毁了我自己。我想我回去后就是认罪服法，做一个了结。我已经弥补不了对政府和人民造成的损失，我想得更远的，是用我自己的事实为后来者提供一个教训。"

韩凤英一直流泪并沉默。她的丈夫、劫机犯罪嫌疑人杨明德还在台湾监狱中服刑，她的儿子原来每三个月去探监看她一次，在台湾，韩凤英曾哭诉儿子与她疏远，并且希望不要因为父母劫机"连带陪葬儿子的一生"。

下午13时30分，"白鹭号"船安抵厦门东渡渔港码头。黄树刚、韩凤英被押解上岸，两人将在厦门短暂拘留后分别送广东省、四川省公安司法部门处理。

从我方遣返刘善忠到这次台湾遣返黄树刚、韩凤英，两岸都有了遣返对方劫机者的先例。这是两岸共同打击劫机犯罪的开始。正如台湾舆论所说的，有没有协议并不重要，重要的是有解决问题的诚意。我们希望台湾方面尽早遣返所有在台湾的劫机犯罪嫌疑人，期待着两岸进一步加强合作，相互配合，从维护和发展两岸关系、保护两岸人民生命财产安全的大局出发，有效遏制劫机犯罪，给海峡两岸人民一个没有劫机威胁的天空。

（新华社1997年7月17日电）

民进党情急欲"插花"

随着岛内各界对"汪辜会谈"的关注，台湾民主进步党开始改变以往对会谈不感兴趣的态度而热心起来。但这个党的热心之处却是站在"反对"甚至"台独"的立场，打着"民意"旗号要"参与"、"监督"会谈。

在"陆委会"3月18日公布《辜汪会谈背景说明书》后，3月21日，"民进党国民大会党团"推出了一份研究结论，声称该党"对中国政策"的基本原则为：

①"一台一中"的台湾法律"主权独立"原则。②"台湾安全"的优先原则。③"平等互惠"的实质原则。④"和平共存"的原则。

民进党要求要有充分比例的在野党人及专家学者参与大陆政策的决策与推展过程。如"辜汪会谈"等的决策过程应尽量公开化，并须接受"国会"及民意的监督。其次，在朝野协商取得共识前，反对任何"党对党"的政治性协商和片面代表执政党的"半官方"民间组织或个人与中共官方作政治性协商。民进党还称，中共正在运用"以商逼政"、"以民围官"的经济统战政策，以达到"一国两制"的统战目的，因此应减轻台湾资金及厂商大量急速流向大陆的速度。

随后，民进党中常会通过决议要扩大过去在党内成立的"台湾中国小组"，以加强党内的大陆政策幕僚功能，民进党的知名人物张俊宏、谢长廷也先后提案建议民进党组团与中共进行密切接触。

民进党还对台湾当局的大陆政策表现出高度参与意向，并先后提出参与形式的要求，包括：①"陆委会"空出一名副主委名额给民进党；②"国统会"改名为"国家发展委员会"，以便更多民进党代表参与；③参与"辜汪会谈"；④参与海基会工作等。

"行政院大陆委员会"主委黄昆辉回应表示，"陆委会"组织条例中有"咨询委员会"的设置规定，愿意延揽民进党人士担任委员。

海基会秘书长邱进益也在"立法院"答询时表示，欢迎民进党人士担任该会董事或顾问。并建议由执政的国民党与民进党各组成一个决策小组，经常不定期磋商大陆政策，例如"三通"，每一项开放都是很大的政策，透过两党的沟通管道，在行政、立法部门寻求共识。

台湾当局没有同意民进党参与汪辜会谈的要求。3月23日，民进党"立法院党团"作出两项决定：一是要组织民进党的"汪辜会谈观察团"监督会谈；二是要力促"立法院"成立"中国事务特别委员会"监督当局的对大陆政策。民进党"立法院党团"召集人施明德在解释该党两项决定的动机时说，如果辜汪会谈中只是一个两岸接触的动作，以广泛的政治意向而言，对促进两岸实质的关系，是绝对有意义的。所以民进党应把"辜汪会谈"视为个案，而把监督两岸关系发展的中心放在"中国事务特别委员会"上。既然监督"辜汪会谈"只是个案，民进党应坚持不介入谈判，但介入政府两岸事务及政策的立场。

但另一党团副总召集人张俊宏在接受台湾报界采访时则表示，民进党应将组观察团一事视为该党与中共接触的前哨战。张俊宏不久前曾秘访大陆，台湾报纸报道说，张到大陆曾会晤中共高层人士，并表示民进党愿意在"第三地"与中共接触，返台后因于党内提出与中共接触的构想，一度引起党内极大争议。不过，连日来民进党对大陆政策的心态调整，以及民进党团决议筹组"辜汪会谈"观察团等举措，显示张俊宏的构想似乎成了民进党政策改变的先驱。以下为张俊宏接受访谈记要：

问：能否谈谈当时主张民进党与中共接触的动机？

答：既然岛内一致承认中共日后对台湾的影响，将超越欧美或日本，实际去了解中共确有其必要性。其实在中共本质未改变前，我也认为两岸的政党正式谈判意义不大，不过由于目前正值朝野制订大陆政策的关键时刻，如果不能深入了解中共，怎么能够确定正确的政策。我认为唯有通过实际的接触，面对面地说服中共，才是最直接的方法，否则，不了解中共又怎么去监督大陆政策的制订与执行？

问：对民进党或立院党团组团与中共接触，你的看法如何？

答：民进党长久以来，以政党外交与国际间建立关系，成效也不错，当然民进党也应考虑不排除用类似的作法，与中共建立正常的关系。就算台湾政府不打算与中共和解，为了台湾的和平发展，还是不得不考虑朝"和解"方向与中共交往，当然民进党必须先考虑中共对台独的高度敌意问题。

问："你对"辜汪会谈"看法如何？

答：今天所谓人民对国、共两党谈判的疑虑，就是对没有人能够监督大陆政策的疑虑，因为国民党现阶段可能派出谈判的代表，是一些全然没有民意基础，同时也不受民意监督的代表，如果能由反对党参加，将可减轻人民的疑虑；但是，假如反对党能更深一层了解谈判对象，不仅能预知中共想些什么，而预作因应对策，也能减轻台湾人民对谈判心存"卖台"的疑虑，民进党要求参与海陆事务目的在此，我建议与中共接触用意也在此。当然民进党团组观察团监督"辜汪会谈"，除了依前述旨意进行监督外，也可验证中共与民进党接触的意愿究竟有多高。

问：有人认为你提出民进党与中共接触有搭"辜汪会谈"便车之嫌，是否同意？

答：我必须强调，民进党没有必要和国民党竞争，又何必去搭便车？我认为台湾人民并不担心和中共往来，就如同长期以来，与中共最早建立关系的一定是财经界，就是商人，其次才是国民党，而民进党目前才要起步的道理相同。连人民都不怕和中共交往，民进党若不主动与中共接触，岂不有违人民付托。

问：有人也指"民进党是李登辉大陆政策的另一颗棋子"，你能接受吗？

答：民进党和中共接触，有民进党自己的考虑，其实没有反对党参与的两岸谈判，最容易引起人民疑虑，民进党团组成观察团监督"辜汪会谈"，也具有监督李登辉大陆政策的用意，假如民进党在此发展两岸关系的关键时刻，不愿深入了解中共，就是对台湾的危急存亡故意置身事外，既然民进党连李登辉也监督，这样的说法根本是无稽之谈。

为达到参与、监督会谈的目的，民进党派出秘书长江鹏坚带领数名民进党人前往海基会和"陆委会"，表明民进党不拘形式急欲介入两岸事务决策和汪辜会谈的立场。江鹏坚说，发展台湾与大陆关系，在民进党眼中是国家重大涉外事务。如果在此关键时刻，拥有三分之一民意支持的民进党对两岸政策置身事外，不但有违民意的托付，也显得有点不负责任。以个人观点而言，除了政党的责任鞭策外，还有一个重要的原因，就是现阶段台湾的大陆政策，很明显的是由李登辉来主导，民进党认为李登辉和郝柏村一样，同样也是旧时代环境中培养出来的政治人物，民进党也担心李登辉藉主导大陆政策的强势，使国家未来导向另一个强人政治，所以民进党才有积极介入大陆政策的主张。

民进党变换说法，把矛头指向李登辉。对此，国民党发言人、文工会主任祝基滢3月31日发表谈话说："民进党就是不愿看到两岸关系和平进展，因为这将破坏台湾独立的先决条件。"祝基滢分析说，两岸文化、经济交流活络，对两岸人民都有实质利益。具体而言，可给台湾带来更安全的环境、更自由的政治及更繁荣的经济。而民进党却以所谓不放心李"总统"主导的新大陆政策为理由，抵制阻挠两岸关系的顺利发展，其原因就是怕失去"台独"主张发展的空间，因为"台独"是台湾地区绝大多数民众一再用选票及透过民意调查方式所表示反对的。民进党口口声声要维护台湾人民的权益，但其所作所为却明显违背了台湾两千万同胞的利益，其动机所在，实已昭然若揭。

同日，"行政院长"连战正式表态反对民进党组团观察汪辜会谈。连战通过他的副手徐立德向民进党人表示，组团观察会谈"是很不方便的事"，希望民进党不要用这种方式参与两岸互动。试想哪有会谈双方进行协商时，在座还有人出席监督的道理。

但民进党并不肯就此罢休，扬言要在"立法院"审查年度总预算时大幅删减"陆委会"等对大陆工作部门的预算，令台湾当局备感困扰。台湾联合报4月1日刊登一篇特稿评点说，"民进党硬插一脚，国民党腹背受敌"。文章说，在"辜汪会谈"已经箭在弦上之际，民进党却频频紧急叫停，为执政当局整套设计平添一项变数，从政党的观点，国民党形同腹背受敌。民进党从排斥大陆事务到积极要求参与大陆事务，正好在"辜汪会谈"上形成一个逻辑吊诡，执政党恐怕还要花更多的力气与反对党沟通，甚至在秘密会议中掀出一些底牌以防堵反对党的疑虑，才能化解眼前的尴尬处境。不论是"花瓶"理由也好，反对酬庸性质也罢，当初民进党排斥参与大陆事务机构则是不争的事实。现在势随时转，民进党体会到不可能自外于大陆政策，更不能辜负选民所托，加以"感觉上"执政党正在两岸关系上踩油门，使得民进党也不得不放下身段，不计名义要求参与大陆政策。

"陆委会"希望民进党不要在这个节骨眼上"搅局"，"下次"再请民进党参加。执政当局促成会谈自有其整套策略的考虑，民进党放弃参与在先，此刻硬要插进一脚，弄得主导单位腹背受敌，里外不是人。据了解，执政当局促成"辜汪会谈"确有其深意，并且对"国统纲领"进程也具有其关键性作用，自然不希望民进党这个半路杀出的"程咬金"打乱整个规划。

邱进益北京草签协议

4月7日下午4时20分，邱进益一行10人抵达北京首都机场。这是邱进益离开大陆43年后第一次踏足故土，大陆早已不是他离开时的模样，就连他的家乡江苏嵊泗县也早已在行政区域上划归浙江舟山管辖。今次他人虽回到大陆，却是怀着这么特殊的使命，邱进益此行抱着什么样的心情呢？

台湾联合报曾在行前就此问题探访了邱进益，并报道说：

海基会秘书长邱进益即将在日内启程访问北京，临行前他透露，他将面对的是怎么样的一个对手？能把问题谈到什么程度？岛内的反应又将如何？都是他内心思索的一些问题。

邱进益表示，摆在两岸面前的问题多而棘手，单就需要查证的两岸婚姻文件已超过万件，而交涉谈判需要妥协，需要互让，如果一些善意和退让能换得更大、更重要、更有利的条件，当然该极力争取。

在未来与对岸长期交涉过程中，他希望由中共那儿争到国统纲领由近程进入中程的三项条件，期望能在大陆政局大致还算稳定的时期，将两岸间的分歧，获得有利于两岸的解决问题的基本架构。

他很坦白地说，在琐碎的问题、在细微末节上着墨过多，不能解决问题也争取不到什么实质利益。他就不认为一定要称北京为北平，他认为争这些没什么意义；他提到，海基会将"文书验证"让步为中共要的"公文书查证使用"，却换得中共在实际操作上的多方让步。他说，"保住台湾两千万人的安全，争取两千万人的实际利益才是最重要的事。"顺势往前看，海基会能不能在大陆设分支机构，对方在这方面作对等要求，我方如何回应，这正是无法回避的问题。

但邱进益也充分了解海基会的性质和任务，也很清楚岛内政治的结构，以及民间和反对党的疑虑，因此他表示主要还是看陆委会怎么决定。

见面就得送见面礼，邱进益此行带去的礼品是水晶釉、雕刻品和台湾电子产品，他认为这些很能代表台湾的手工艺和工业的水平。

邱进益走出机场，前来迎接的海峡两岸关系协会副会长兼秘书长邹哲开已等候在场。在机场，邱进益接受70多名记者采访时说："海峡两岸四十多年的分隔，实在是中华民族的不幸。如何消除彼此疏离、隔阂，改善两岸关系，确实是一项艰巨的工程。这一工程需要全体中国人以耐心、爱心与智慧来共同努力。"谈到自己抵京的感受时，他深有感触地说，"我离台时，台北还在下雨，看到北京天气很晴朗，这是一个非常好的预兆。"

邹哲开也接受记者们的访问并表示，"我们希望这次磋商能取得令人满意的成果，相信汪辜会晤在这次磋商之后能够很快地实现，为发展两岸关系作出我们应有的努力。"

晚上，海协常务副会长唐树备在钓鱼台宾馆设宴欢迎邱进益一行。

4月8日下午，邱进益与海协常务副会长唐树备进行汪辜会晤第一次预备性磋商。预备性磋商前，邱进益一行拜会了海协，感谢海协对他们的邀请。邱进益说："只要双方共同努力，我相信我们之间的距离会越来越近。"唐树备代表海协欢迎邱进益一行的到来。他从近日两岸的天气变化引申说："两岸冷暖相通，血脉相通。"由于四十多年来缺乏沟通，存在不同的想法，相信通过两会的交流和民间往来，能逐步取得共识，为和平统一大业作出我们的贡献。

磋商闭门进行了两个半小时。双方一致认为："汪辜会晤"应于4月下旬，不迟于5月在新加坡举行。在磋商中，双方就"汪辜会晤"参加人员、会晤时间以及两会关心的其他问题实事求是地、认真地交换了意见，相当部分取得了共识。

唐树备会后介绍情况说，通过磋商，双方认为应建立两会联系和会晤制度，会长与董事长应当经常有机会见面，副会长、副董事长等相关人员定期会晤；双方赞成鼓励两岸青年之间的交流，并已达成原则意向；双方赞成应当根据各自的情况，逐步开展劳务方面的合作；双方原则赞成基本结束地区的人员的合作打击海上走私、抢劫活动的程序性商谈，应尽快在"汪辜会晤"之后进入实质性商谈。关于违反对方规定，进入对方地区的人员的遣返问题，以及与此相关的其他问题，也应结束程序性商谈，尽快进入实质性商谈。双方还就各自如何采取措施鼓励和保障台商在大陆投资问题交换了意见。

唐树备说，双方感到今天的第一次会面很有成果。通过交换意见，取得了许多共识，也增加了相互的了解，为下一步工作性会谈，创造了比较好的条件。

两个半小时就解决了诸多共识问题，台湾方面在高兴之余也颇感意外，新闻界评论说，海基、海协两会以不到两个半小时的时间，敲定"辜汪会谈"的诸多议题，充分显示两岸极欲促成此次历史性会谈的妥协作风，彼此拉高视界以利事务性问题解决的务实态度，也同时为沉闷已久的两岸关系开创一个新的契机。协商的过程如此顺利，"辜汪会谈"的诱因以及整个大环境气氛的营造，恐怕才是背后推动的最大助力。有的台湾报章还认为，两岸有可能藉这次商谈走向更务实的互动关系，从中共领导人在八届人大的谈话中，早已释放出某种讯息，虽然可能只是一种中性的试探，但是在设定"和平统一"的最高指导方针下，这些事务性的妥协，显然微不足道，所以邱进益之受礼遇，也就不难找到答案。邱进益和唐树备第一天商谈结束后不约而同指出要从更高的地方看两岸关系，正足以证明过去一些无谓的僵持，只会造成两岸统一进程的拖延，不论是中共主张的"一国两制"，或是台湾当局所提出的"自由民主均富的中国"。在现阶段维持良好的事务性互动，对两岸而言，绝对都是互蒙其利之事。

商谈进展顺利，海基会主谈代表邱进益心情轻松，当天接受新闻界采访时便离开磋商主题，谈起他对两岸关系的看法来。邱进益说，他与海协会唐树备的会面以及谈话内容，都非政治性。但是，两岸这样的良性互动，会有政治效应，将来就会慢慢起作用；而两岸良性互动，才不致使"台独"问题激化。邱进益说，"台独"是走不通的路，两岸统一目前条件也不成熟，那究竟该怎么办？唯有两岸良性互动，慢慢发展两岸关系成为"互利"的关系，才有解决问题的可能性。

邱进益并说，"台独"问题在岛内并不获多数支持，即使是民进党，以该党的"立委"来看，也有三分之一的人很中性，主张不管问题如何解决，对台湾有利即可，另有三分之一的人虽然主张"台独"，但如果公民投票不赞成，他们也会接受，而真正坚持"台独"，不论什么条件都要"台独"的人并不很多。他说，两岸关系的良性互动十分重要，这会影响台湾两千万老百姓的态度。他这次北京之行，以及以后的辜汪会谈，就是希望开启两岸良性互动的关系，希望获得台湾内部更多的支持。

4月9日，邱进益在京进行了一些拜会活动。上午，海协常务副会长唐树备礼节性拜会了邱进益一行。他表示对双方举行的第一次会商取得满意的结果而感到高兴。应客人要求，唐树备介绍了浦东开发区的建设情况。邱进益说，我相信"汪辜会晤"会是一个良好的开始，良好的开始是成功的一半。之后，邱进益一行前往八达岭长城遗址游览。

下午，邱进益一行拜会了中国红十字会总会，受到了副会长顾英奇、孙柏秋等人的热情欢迎。顾英奇说，中国红十字会一直非常关心两岸关系的发展，看到邱进益先生与唐树备先生的会谈很有成效，作为一个中国人，我们感到非常高兴。前年发生的华东地区特大水灾，引起了台湾同胞的极大关注，各界人士以各种方式积极支持、援助灾区。两岸虽然离得很遥远，但我们能切身感受到两岸人民同舟共济、血浓于水的感情，这充分体现了中华民族的凝聚力。在此期间，台湾海基会做了许多工作。我再次代表中国红十字会全体同仁表示感谢。

邱进益表示："六年前台湾开放民众赴大陆探亲以来，许多人有了回大陆交流的机会，可以说是双方红会搭了一个桥，扮演了重要的角色，作出的贡献非常值得肯定。"他说，海基会是一个新的团体，不但需要台湾各界的协助，也需要大陆各界的协助，希望继续保持与红十字会的密切联系。沟通的方式很多，但面对面的沟通更为有效。

4月10日下午，"两岸公证书使用查证协议"与"两岸挂号函件查询、补偿事宜协议"，由海协副会长唐树备与海基会副董事长邱进益在北京钓鱼台宾馆"芳霏苑"完成草签，仪式是在海内外新闻媒体的公开采访中完成的。

在完成草签之后，两项协议的正式签署可望在"辜汪会谈"举行时进行，分别由辜振甫及汪道涵签署。

这两项协议是海协、海基会成立两年多来的首两份协议，虽然均止于处理两岸事务性问题，但是其历史性意义的影响及透明化程度，决不下于"金门协议"。

仪式是在下午两点钟正式进行，前后程序不超过四分钟。参与人员除了邱进益与唐树备两位签署人外，包括李亚飞、周宁等海协人员，中国公证员协会、通信协会的代表，以及海基会参与此次磋商的所有人员，均在场观礼。

两份协议分别一式四份，分别以繁体字和简体字印刷。协议文本前天便已完成校对、印刷、装订、火漆（使不能更改）等程序，装订成四册，双方各自保存两册。

下午两点钟仪式开始，邱进益与唐树备分坐大厅长桌的两端，同时在八份协议上签名。

两点零四分，邱、唐二人完成草签，并交换各自使用的派克五十一型钢笔和上海幸福牌钢笔，现场观礼者和记者响起一阵欢呼声，参与仪式者举杯庆祝。

在10日下午关于"汪辜会谈"的预备性磋商第二次会谈后，唐树备与邱进益分别举行了新闻发布会，宣布了双方关于"汪辜会谈"的八点共识：

一、汪辜会谈性质：双方均认为是民间性的、经济性的、常务性的、功能性的会谈。

二、时间：正式会谈于本年4月27日至4月28日，必要时延长一天。

三、地点：新加坡。

四、参加会谈的人员：除汪道涵与辜振甫两位先生外，两会随行人员各自不超过10人。

五、海协常务副会长唐树备与海基会副董事长邱进益于4月23日抵新加坡进行会商，为汪辜会谈做好准备。

六、正式会谈的议题有三大部分：

第一部分，关于两会的会晤：第一，双方同意商谈两会联系与会谈制度，并签署协议。至于相互给予出入境便利的问题，将进一步磋商。第二，确定今年两会事务性商谈议题：1.违反有关规定进入对方地区的人员的遣返及相关问题。2.有关共同打击海上走私、抢劫犯罪活动问题。3.协商两岸海上渔事纠纷的处理。

第二部分，关于两岸经济交流：第一，海协愿意协助有关部门积极促进台商在大陆投资正当权益的保障。海基会愿就台商在大陆投资及大陆经贸界人士访台，协调有关机关予以积极促进。第二，两岸授权的民间团体共同筹设民间性的两岸经济交流会议制度。第三，双方同意就共同开发能源、资源问题进行讨论，海协建议向台湾地区提供劳务，海基会允诺将转送主管机关考虑。

第三部分，科技文教的交流：第一，两岸青少年的交流。第二，两岸科技交流。第三，两岸新闻界交流。

七、汪辜会谈期间正式签署《两岸公证书使用查证协议》、《两岸挂号函件查询、补偿事宜协议》。

八、以适当方式共同宣布"汪辜会谈"成果。

不过，八点共识才隔了一夜，海基会方面便变卦了。海基会在10日晚将八点共识传真送给在台湾的"陆委会"审查。

4月11日，邱进益定于中午搭机离京返台。临起程前，海峡两岸关系协会会长汪道涵在人民大会堂会见了邱进益一行，在亲切友好的气氛中，汪道涵和邱进益交换了意见。汪道涵对草签了《两岸公证书使用查证协议》和《两岸挂号函件查询、补偿事宜协议》，表示欣慰。邱进益感谢汪道涵在百忙中从上海来京同他见面，并转达了辜振甫对他的问候。

会见前在回答记者提问时，汪道涵表示，这次预备性磋商很融洽、很坦率，极有成就。他希望与辜振甫先生的会谈能对两岸关系有进一步的推动作用。谈到这次预备性磋商得以顺利进行的原因时，他说："我们大家都有共同的意愿。"

汪道涵在会见中谈了几个宏观的问题。他认为，大陆方面要照顾到台湾同胞的利益。当然也要考虑到整个中华民族的利益；大陆希望用和平方式实现统一，但统一需要有个过程；双方应坐下来谈，通过商谈增进相互的了解，增进共识，找到大家都能同意的办法，现在首先要把两会的事务性商谈搞好。

邱进益会见后对记者表示："大陆的各种举动、措施和政策都考虑到了台湾两千万同胞的利益。这个基本方向是正确的。"

海协常务副会长唐树备、副会长兼秘书长邹哲开参加了会见。

据说，就在汪会长与邱进益交谈中间，邱进益接到了"陆委会"传来的意见，邱进益尴尬地向汪会长表示，昨日的八点共识希望还能与海协重新敲定一下。于是这一"重新敲定"便匆忙由两会有关人员在一边的茶几上进行。

下午邱进益临上飞机前，突然掏出一份稿，对在场的新闻记者重新宣读了一遍"八点共识"。这一举动颇使昨日已听过两会八点共识的记者们丈二金刚摸不着头脑，而个中玄机也只有邱进益最清楚了。"陆委会"究竟忌讳何事呢？比较两次公布的八点共识不同版本，可以发现在经济议题方面少掉了"劳务合作"方面的内容。第二份共识稿主要内容如下：

这次预备性磋商对"汪辜会谈"的时间、地点、议题、人员达成了普遍共识：民间性、经济性、事务性、功能性的"汪辜会谈"将于4月27日至28日举行，两会随行人员各自不超过10人。为了充分尊重辜振甫先生的愿望，本应在大陆或台湾举行的这一会谈，选择在新加坡进行。关于"汪辜会谈"的三大议题：（1）两会会务方面，包括商谈两会联系与会谈制度，并签署协议；确定有关两岸共同打击海上走私、抢劫等犯罪活动、违反有关规定进入对方地区人员之遣返及相关问题、协商处理两岸海上渔事纠纷之处理等今年进行的3项事务性商谈。（2）经济方面，包括台商在大陆投资和大陆经贸界人士访台等问题、两会共同筹开民间性质之两岸经济交流会议；双方同意就共同开发能源及资源问题进行讨论。（3）科技文教方面，包括青少年互访交流、科技交流、两岸新闻界交流等。

邱进益首次四天的北京行，与海协举行了"汪辜会谈"预备性磋商，为备受世人瞩目的这一会谈得以顺利实现奠定了基础，也为进一步加强两会的联系与合作，乃至两岸关系的发展，营造了良好的气氛。

双方共同认为，两岸必须各自采取积极措施，鼓励和保障台商在大陆投资的合法权益。但在如何保障台商合法权益方面，双方还存在分歧。大陆方面认为，大陆各地政府和有关部门为台商提供了良好的投资环境，台商的经营活动和正当权益，包括人身安全都得到了充分的法律保障，赴大陆投资的台商愈来愈多的事实就是明证。当然，还有许多方面需要进一步改进，有关部门正在积极采取措施，并且也乐意听取台商和海基会的意见。然而，保护台商的正当权益，海峡两岸有关方面都要为此作出努力。台湾方面应当进一步放宽台胞到大陆投资限制，取消对大陆产品入台的不合理限制，进一步开放大陆工商企业界人士赴台考察及入台投资，了解台湾合作伙伴的经营情况和技术水平。台湾方面还应采取更加积极的措施，推进两岸经济合作，给台商在大陆投资提供便利条件。互补互利，共同繁荣，是两岸人民的共同愿望和利益所在。

这次预备性磋商期间，还草签了《两岸公证书使用查证协议》、《两岸挂号函件查询、补偿事宜协议》，这是两会成立以来第一次草签书面协议，也是两会合作的具体成果。这充分表明，只要本着互相尊重、平等协商、实事求是、求同存异的精神，在一个中国原则的基础上坐下来谈，坦诚相见，两岸民间交往交流中衍生的一切问题都可以得到妥善解决，而且定会取得令双方都满意的成果。

在坦诚、愉快的氛围中进行的此次预备性磋商，为"汪辜会谈"作了周详的准备，取得了满意的成果。海协负责人在磋商结束后评价说，"在许多方面取得了相当程度的共识，在有些问题上加深了对彼此的了解，在个别问题上还需要进一步交换意见。"台湾方面也对邱此行作出相当肯定的评价。邱进益返抵台北桃园机场时答记者问说，"双赢政策"已基本达到了。以下是邱和"陆委会"副主委高孔廉答记者问摘要：

问：你个人对此行的评价如何，是否达到出发前的预期目标？

邱进益答：如就陆委会授权范围及与大陆海协会达成共识来看，虽然有智慧财产权保障、人身安全二项没有纳入，不过也已作充分讨论，因议题太多无法列入共识中。我个人认为已达成预期目标，至于确切部分，应留给舆论界来打分数。

问：与海协会长汪道涵晤面的情形如何？有无具体带来任何讯息给最高当局？

邱进益答：没有带来任何讯息，在与他晤面七十五分钟内，时间虽很长，汪道涵非常客气，主要是介绍大陆整个建设状况，如上海浦东计划。我个人认为汪道涵先生知识渊博，谈话很有条理，对大陆及两岸目前状况非常了解。

问：你行前曾表示两会晤面有"双赢政策"，个人现在认为如何？

邱进益答：我们在会谈时，尽量将双方意见均纳入其中，如文书协议、仪式、辜汪会谈定位、人员、地点等均采纳双方意见。坦白说，这是良好互助发展模式，所谓双赢政策是没有错的，未来辜汪会谈更是如此。

问：你曾表示希望海协会高层人士来访，可能性如何？

高孔廉答：这必须视事实需要，未来联系管道建立后，开始运作，董事长层次、秘书长层次或处长层次，有不同见面议题，现在很难确切来说。

问：海协会会长汪道涵、副会长唐树备来访是否有问题？

高孔廉答：如果是两会的会务人员以民间身份，自可同意其入境来台。至于汪道涵、唐树备二人，据我了解，应该没有太大问题。

台湾"陆委会"主委黄昆辉在11日深夜听取了邱进益此行的总结汇报后说，邱进益北京行过程平顺，结果圆满，但这只是两岸中介团体建立互相尊重、对等协商的令人鼓舞的起点，未来的工作将更为繁重艰巨。他还表示，对台商投资大陆保障协定问题，虽然与海协看法不同，但希望日后"汪辜会谈"时继续讨论。

民进党方面，主张"台独"的吕秀莲代表民进党"立法院党团"对邱进益之行发表"两项肯定、四项否定"的声明，刻意往"台独"、"一中一台"方面牵扯，声称肯定会谈"透明化、规矩化"及所谓"会谈建立以外交方式处理台中关系的基础"。

辜振甫临行受辱

　　"汪辜会谈"的时间、地点正式确定后，台湾多家报纸发表评论，欢迎会谈的进行。国民党《中央日报》认为："海峡两岸分裂四十多年来，首次以民间高峰会的形态举行的辜汪会谈，将对今后海峡两岸的关系起重大影响，也将对今后亚太地区甚至全世界的国际政治秩序起关键作用……我们可以期望两岸接触能够开出符合全中国人民利益的康庄大道。"《中国时报》说："'辜汪会谈'是两岸关系从政治敌对正式发展到和平对话的重大契机，对未来海峡情势的影响，对台湾两千万人安全与福祉的保障，均有重要的政治意义……我们期待会谈顺利圆满地完成。"《台湾新生报》也表示，"自两岸分裂迄今四十余年，'辜汪会谈'无论是就历史的观点，还是务实的观点都是一件大事。会谈广受两岸及国际间的重视。"这家报纸还呼吁台湾各界"排除障碍，让这一历史性的民间会谈能为两岸的互通建立一个良好的管道"。

　　台湾岛内的一项调查显示。70%以上的台湾民众赞成"汪辜会谈"，一些台湾学者也举行座谈会，对会谈的意义进行了热烈的讨论。不少学者认为，"汪辜会谈"虽然仅是事务性的谈判，但却可能是"未来两岸高层政治磋商的开始"。台湾的工商企业界对会谈"寄以重望"，他们在海基会秘书长邱进益赴新加坡之前举行的一项座谈会上表示，希望"汪辜会谈"取得成果，成为一个良好的开端，为台商赴大陆投资解决实际问题。

然而，台湾岛内对"汪辜会谈"也存在杂音，以民进党内部主张"台独"的人为代表，连日来采取各种方式，试图干扰甚至阻挠会谈的实现。

3月14日，在"立法院"的要求下，"陆委会"主委黄昆辉与邱进益一同到"立院"报告邱进益北京行的情况。在"立委"质询中，有的人要求在汪辜会谈中台方应纳入"两岸直航"及"签订两岸和平协议"的内容，与黄昆辉大起争执。黄昆辉则一再坚持保守立场。

"立委"李庆华：两岸直航及和平协议问题，关系两千万人的利益，为何不列入会谈议题？目前已有几百万人次赴大陆访问，但必须在香港转机，花钱费时。为何不谈呢？

黄昆辉：直航问题关系到两千万人的安全福祉，在没有获得安全及尊严的考量下，不可能谈直航。

李：开放直航会有哪些安全的危害呢？

黄：如果目前即开放两岸直航，等于是对中共投降，尤其，中共当局将两岸航线视为国内航线。而且，东西德在统一之前也没有直航，南北韩也没有开放直航，……

李：目前连谈都没有谈，中共怎能说是国内航线，你讲的理由是不实在的、无知的，是误导民众的说法。东西德从来就没有停止过飞航，而南北韩并未开放人民交流，也没有回乡老兵要在机场过夜，并不需要直航。

黄：我说的是东西德本身并没有飞机直飞。

李：我说两岸直航，也没有说本国公司直航，而是要求给老百姓方便。

黄：本国航空公司都未开放，怎么可能先行开放给外国公司经营两岸航线呢？

李：陆委会老是拿尊严问题，作一些误导民众的调查报告。如果两岸直航都没有挂旗帜，怎会有尊严的问题呢？政府要以广大民众的福祉为优先，直航对我们有利，政府应该积极推动，如中共反对直航，我们更要敲开直航的大门啊！政府要以大智慧催化大陆的改变。

黄：你讲的很感性，但直航是涉及两岸安全的问题，不是那么简单的。

李：陆委会应主动争取把两岸直航列入"辜汪会谈"的议题。

黄：立委问政可以放言高论，但政府做事必须谨慎。直航问题应是由政府与政府之间进行谈判。

李：海基会成立的目的就是要处理谈判事务的，应可先谈。

黄：直航完全是涉及公权力的事务，因此，必须由政府部门出面来谈，最少两岸航政主管部门才可能谈。交流的需要不能超越国家安全的考量。

李：你不要把话说得太满、太早，或许那一天，直航政策改变了，大家都会记住你说的这些话。现在连谈都没有谈，就未战先败，这哪是大有为政策的应有作为呢？

黄：李先生，你太急了！

李：老百姓都急，你却不急，这完全是失败主义、消极主义的作法。直航之后，老兵就不要再经香港转机，请你多多为老百姓着想，把直航也列入国统纲领近程推动的目标。

黄：你说得太轻松了，中共至今仍处处不准我们争取国际航权，对我们也没有善意的表现，目前不可能开放直航，也不会通过海基会去谈。到了国统纲领中程阶段，就不必假手民间机构了。

李：你应该让海基会发挥一些功能，不要让海基会再度躺在担架上！

在李庆华与黄昆辉争论之后，民进党"立委"陈水扁则声援黄昆辉的立场说，不能一味贪图方便，而忽略安全因素，直航问题也不能以过度感性的态度来谈，如一味讨好中共，只会断送台湾的前途。"陆委会"的谨慎立场，应可获得肯定。

接着陈水扁话锋一转，开始追问海基会与海协所签的两项协议是否具有法律效力问题，陈水扁说，依"两岸人民关系条例"第五条，协议不经主管机关核准，不生效力。不具法律效力，等于未对人民及"立法院"生效，他认为这是"危险"的事，所以他要求一切两岸间的协议都要先经"立法院"议决。

黄昆辉承认类似事务性协议确实没有太大的法律约束力，不过，依台湾制定的"两岸条例"第五条，"立法院"已赋予"陆委会"权力，只要主管机关核准，该协议就可生效执行。黄昆辉说，在两岸条例中还规定开放大陆劳工、直接通航、直接通商三项须经"立法院"同意。

陈水扁仍认为这是"便宜行事"、"贪图方便"。他认为两岸没有绝对的事务性，所以他希望·"陆委会"最好在海基会监督条例中增加条文，规定所有协议都先送"立法院"议决始可生效。陈水扁此说在汪辜会谈签署四项协议后由民进党人再次提出，企图让行政当局将两岸会谈所签的协议都送到"立法院"去审议，以便民进党借审查来抵制、阻挠协议的执行。

在"立法院"之外，民进党由党主席许信良率领若干党人跑到新加坡去访问，拜会实权人物、新加坡前总理、内阁资政李光耀和总理吴作栋、外交部长黄根成等人。民进党人访新国，目的是政党外交，争取国际上多些人"支持与理解"民进党的立场。

李光耀在会见民进党主席许信良时，告诉许，新加坡能成为辜汪会谈的地点，深感光荣。新加坡将善尽地主之谊，做好保卫、服务等相关工作。李光耀还说，他认为海峡两岸之间维持长期的和平关系对东亚和世界都非常重要，建议民进党组团到中国大陆访问。李光耀并允诺，民进党在这方面如有困难，他愿意协助解决。

许信良回到台湾后，民进党人再次提出派员参与汪辜会谈的激烈要求，甚至要挟如果达不到这一目的，民进党"立院党团"将抵制"立院"正在审查的与美有关的著作权法案。国民党方面紧张起来，一面松口表示要考虑增加一名学者参加汪辜会谈，一面派人与民进党去"沟通"。

4月14日，民进党"立委"蔡同荣举行记者会，声称他已得到"立法院长"刘松藩转告的讯息：行政部门已同意由民进党推派一名学者，以海基会"顾问"的身份参加汪辜会谈。

4月16日，民进党"立院党团"总召集人施明德宣布，将派五名成员组成观察团赴新加坡参与"辜汪会谈"。

施明德并表示，民进党"立院党团"初步决议推派一名具有公信力的学者，不但名列五人观察团之一，且亦将具海基会代表的身份，直接参与面对面的会谈，民进党"立院党团"干事长陈水扁打趣说，该名学者将是"合法的电灯泡"。不过，他们都不愿透露该名学者是谁，只表示，将等民进党党团会议作成决议后，才公布其姓名。并声称观察团成员则将以"立法院外交委员会"为主体，因两岸会谈属"外交层次"。

国民党同意民进党派员参加会谈一事，在"立法院"引起各方不满，一些其他派系的"立委"也要求得到参与名额。民进党方面则进一步表示，该党要求至少三个名额，并且要包括"立委"和学者都参加。此外，民进党仍然要派出"观察团"直接前往新加坡。

面对这样的情势，国民党高层再次退缩并推卸责任。刘松藩改口说是"允许朝野，而不是民进党，共同推举一名学者"。"行政院"则先表示台方想改变会谈名额必须与海协商量，继而声称大陆海协不同意而取消增加名额。不料民进党人转而攻击海基会与大陆沟通不力。邱进益无奈在临起程往新加坡前澄清说，"陆委会"未针对此事有所指示，因此海基会也从未致函或致电海协谈民进党派代表参与会谈之事。4月19日，"陆委会"主委黄昆辉表态，汪辜会谈属事务性的，议题单纯，"陆委会"倾向不开放学者参与。

民进党不满"陆委会"的决定，开始在"立法院"中闹吵，抵制总质询并与国民党籍"立委"起冲突，险些再次打架。民进党人物扬言对国民党的决定一要查清是谁反对"学者参与"，二要抵制"立法院"对"中（台）美著作权法案"的审议并要求中止总质询，中止汪辜会谈。

民进党人吵翻了天，他们一再指责当局出尔反尔，对民进党批准代表参与会谈一事始终说辞不一："立法院"长刘松藩说是中共反对；"行政院"长连战说是海基会和中共反对，"陆委会"主委黄昆辉说中共没有反对，是海基会和"陆委会"反对。民进党"台独"派的黄昭辉则指称，"据他了解，真正反对的人是海基会董事长辜振甫"。黄昭辉要求撤换辜振甫。

4月22日，民进党把炮口对准了辜振甫。在"立法院"里把这场汪辜会谈的岛内风波搅到了最高潮。院会一开始，民进党团便采取全面瘫痪议事策略，并将炮火对准海基会董事长辜振甫，指他是"台奸之后"，要求他应"对全民道歉"，同时要求当局要撤换辜振甫，否则就中止辜汪会谈、全面冻结"陆委会"预算。民进党籍"立委"颜锦福、林浊水、叶耀鹏、李进勇轮番上台，颜锦福指国民党和中共两边一唱一和、准备联手镇压两千万同胞，民进党推荐的学者只是要"观察"辜汪会谈，为什么国民党还怕？可见会谈内容绝对是要出卖台湾。林浊水说，主流派的李"总统"原本叫非主流，不要老拿中共吓唬老百姓，结果现在主流派对付民进党的做法和非主流派如出一辙。

叶耀鹏发言指辜家是"卖台家族"，辜振甫的父亲辜显荣当年引日本人入台湾，现在身为第二代的辜振甫是否要引"中共侵台"？

尤宏则贴出"猜猜看"海报，指"唐邱会谈"是要谈"嫁妆"，把台湾当成"嫁给中共"的嫁妆；"辜汪会谈"是在谈"结婚日期"，敲定两岸进入"国统纲领"中程阶段的"婚期"，而结论就是"将台湾出卖给中共"。

陈水扁说，本来朝野上周通过院长刘松藩居中协调，已同意学者参与会谈，结果现在执政党又反悔；刘松藩说是中共反对，连战说是海基会反对，昨日上午民进党和黄昆辉连络，黄昆辉说中共根本没反对，真正反对的是海基会。

　　陈水扁接着抨击海基会董事长辜振甫是"台奸之后"，其父辜显荣过去"卖国求荣"的历史"血迹斑斑"，辜振甫有何资格反对"辜汪会谈"接受在野党的学者参加？难道他是皇帝，而李"总统"、连"院长"、叶"主委"是"儿总统"、"儿院长"、"儿主委"吗？陈水扁并提出四点要求：一、辜振甫有必要对其父过去卖国求荣之事公开道歉，并保证他不会成为辜显荣第二；二、辜振甫应立刻辞去国民党中常委，以避免造成国共和谈的印象；三、立即取消辜汪会谈，以建立朝野最起码的真诚；四、如果国民党一意孤行，执意进行辜汪会谈，应立刻撤换辜振甫，改成"X汪会谈"。如果以上要求都得不到有关当局回应，学者不能参与会谈，辜振甫行前又不到"立院"报告，民进党团将会全数冻结"陆委会"八十三（1994）年度的预算。陈水扁发言时，并在发言台上贴着"撤换台奸辜振甫"的海报。

　　国民党籍"立委"曹尔忠试图制止民进党人的攻击炮火，两度提出停止议事录发言动议，引起民进党强烈反对，院会被迫休息近一小时。再开会时主席王金平宣布，经朝野协商，已决定邀请辜振甫周六上午赴"立院"报告。但民进党"立委"则在台下高声嚷嚷表示应在周五下午报告，会场一时又陷于混乱。

　　下午再开会，民进党"立委"仍持续杯葛议事，院会被迫休息两次。最后拖到下午四点半处理临时提案阶段，主席遂先进行讨论临时提案。国民党"立院党团"为防范民进党人藉机提出散会动议，召开党员干部会议强力动员，在临时提案处理完毕后发动表决，通过林寿山所提"待著作权法修正案等相关法案完成立法程序后始予散会"的动议，民进党籍"立委"群起包围发言台，许添财并大喊："国家被出卖掉了！"会议在混乱中进入讨论著作权法修正案程序。

　　被民进党"立委"点名批判，并戴上"台奸"大帽子后，辜振甫当天便情绪十分激动地向国民党当局表示，人格不可受辱，他请求辞去海基会董事长职并退出"辜汪会谈"。国民党高层则以"国家利益为重"来全力劝慰安抚辜振甫。台湾《中国时报》报道说，对自己变成箭靶，辜振甫情绪十分激动，据台湾水泥公司（辜家的产业）高级主管形容，"辜先生不想干了！情绪也坏透了"。

执政当局得知辜振甫的态度后全力安抚辜氏，"陆委会"主委黄昆辉也向他表示致意，同时随后对外发表新闻澄清，并不是辜振甫反对民进党推派代表参加，推崇辜振甫是杰出企业家，对台湾屡有贡献。台湾高层决策官员也指出，辜振甫出任海基会董事长完全是"受政府委托为国家做事"，否则以他的企业成就，完全没有必要奔波两岸事务。不应该对他及其家人人格污辱。高层官员强调，这次"辜汪会谈"主要是为保护台商及台湾民众权益不应扯会谈后腿。希望民进党人士能够尊重辜振甫，大家以大局为重。台湾《联合报》24日的报道也说，"总统府"高层官员指出，在辜汪会谈前夕，事情竟演变到这种情况，目前最重要的是媒体应主持正义，否则即使李"总统"讲再多的话也是不够的。另外，李"总统"对辜振甫的关心，相信辜一定非常亲切地感受到。

辜振甫随后表示，他确实曾向黄昆辉口头请辞，提出海基会董事长应由年轻、具有国际观、对大陆事务娴熟、肯百分之百奉献的人来做。"我已八十岁且身体状况不佳"，因此萌生辞意。他也不否认请辞是和民进党态度有关。辜振甫并发表正式声明指出："最近关于辜汪会谈一事，部分立委有若干不明白和不谅解批评，且无端罪及先人，至为痛心，深表遗憾之意。出席新加坡会谈，本非出自个人意愿，只因事关两岸民间交流所衍生诸问题之事务性解决，一本服务至诚，勉为应命。此行任务既严格局限于陆委会之授权范围，更无所谓反对学者专家同行，敬希外界能予了解。"

辜振甫的请辞，"总统府"和国民党秘书长许水德都向辜振甫表示关心和慰留之意。辜振甫也接到台湾各界许多的慰问电话。辜氏对此除公开表示感谢和惶恐外，并决定将辞职一事淡化。辜振甫说："应该做的事，我不会受到影响。"

民进党"立院党团"干事长陈水扁则表示，指责辜家的言语是民进党一致的看法和决议，民进党团和他们个人对此没有必要多作解释，也没有必要向辜家道歉。

对于民进党的搅局，台湾舆论一片痛心疾首。国民党《中央日报》社论说，"民进党若干人士连续以不负责任、不识大体、不问是非的方式，横行阻挠政府推动大陆政策的行动，是严重违背二千多万民众利益，也是见笑于海峡彼岸人士与国际人士的丑闻。尤其对会谈我方主谈人士辜振甫滥施侮辱及其先人的人身攻击，其手段之卑劣，已不足用胡闹来形容了。真不知民进党这样的做法，到底符合了哪一个台湾民众的利益？"

《联合报》社论说，在辜汪会谈即将举行，邱进益已首途新加坡之际，岛内朝野政党、"立委"以及政府官员却迄今仍为"民代监督、学者与会"问题争吵折腾，予人有自乱阵脚之感。社论说，"政府处理辜汪会谈的决策过程好像在和稀泥，朝野之间又将辜汪会谈当作政治皮球来踢，更是没有道理"。

《中国时报》一篇题为《主帅行前遭质疑为会谈蒙上尴尬影响》的特稿说，主帅出征，尚未出马即已伤痕累累！不仅对辜振甫个人造成伤害，也对他在这项会议中的象征与代表意义蒙上了一层尴尬的阴影。辜振甫的父亲辜显荣生前的行为如何，应由历史学家公评给予一个适当的历史定位。辜振甫是否适任海基会董事长，从海基会成立运作起，即为可讨论之事。然而，他是否带有"原罪"，是否适任新职，总不应在他即将代表前往新加坡前夕，成为谈判的压力。

文章说，"事态演变至此，最主要的原因在于民进党将阻挠学者参与辜汪会谈的'幕后黑手'锁定辜振甫。事实上是否如此，由于各说各话，真相恐难以大白，但唯一可以确定的是，行政院应该对这段时间来的决策流程负起责任。"

有关民进党希望参与辜汪会谈的意愿，早在邱进益赴北京进行预备性磋商前即已提出，后来改为派学者以顾问名义参加也有好几天，"行政院"对民进党的态度知之甚详，双方的直接或间接协商不断，但"行政院"却一直没有明确的政策表示。

对于学者参与会谈，可从政治与技术两个层面考虑，如果学者参与而可化解疑虑，在技术性问题方面又可克服，则如此决策即可明朗，纵使海基会反对，陆委会身为主管部门亦可贯彻。如果技术层次问题难以克服，陆委会也可公开拒绝民进党的要求，若是理由服人，相信应可卸掉相当的政治后果。然而，行政部门却是虚以委蛇。既不敢正面回应民进党，又先后传出了中共、海基会反对的讯息，殊不知这两个理由那怕是真的，更将暴露出行政院懦弱无能的形象，反而激化人民的疑虑。如今的发展正是如此，民进党反弹、海基会反弹、徒然让对岸看笑话。

两岸的交流已至不得不坐下来解决所衍生的问题的时候，但朝野共识的脆弱、"人"的争议性、制度的不良却又在两岸互动的过程中被激化出来，辜振甫今天的处境应是这种复杂情势下可以预期的结果。

尽管风浪不断，攻讦有续，辜振甫最后还是勉为其难，如期前往新加坡。4月23日，他接受《中国时报》记者访问，谈了自己对整个事件的看法和人情。以下是辜振甫接受访问的内容：

问：被民进党点名扣帽子，据了解你一度向李"总统"表达退出"辜汪会谈"之意，二十六日你会不会如期启程？

答：时间到了就知道。对方架子都搭起来了，你觉得呢？能不能太戏剧化？这个时候如果不去好不好？我要强调，即使去也不是出自我的自愿。

我自己想了很久，如果自己错了别人批评也就算了；一旦自己没有错，就应该增加自己的信心，做事不要受到影响。想想这个时代，如果不如此，将如何过日子呢？

问：李"总统"、连"院长"等高层人士是否都希望你能以大局为重，不要请辞或退出"辜汪会谈"？

答：我要澄清这个差事不是我去谋来的，至于各方的关切是很多，令我感到惶恐但不便说明。

问：赴新加坡之前你是否会到立法院说明？

答：我从来就没说过不去立法院，但是这有个程序，立法院总要有通知来才对，到现在没有人通知我要到立法院去。

问：你二十二日曾向高层请求辞去海基会董事长的职务，可否向外界说明？

答：我早就想辞职了，海基会董事长的职务不是我求来的。就年龄来说，我已经快八十岁了，过去三年来，第一年动了开心手术，第二年又开过，第三年拿掉一个肾，胰脏也开过刀。海基会的事，我是勉强拼着命在做，我的身体不好，早就不想做了。

问：打算什么时候提出辞呈？

答：辞呈我会向海基会董事会提出，不过不是现在辞，因为现在的工作很重要。海基会董事长有任期，我的任期只剩下六个月左右，六个月一眨眼就到了，当不当海基会董事是我的自由，只要不做海基会董事，自然谈不上出任海基会董事长。

问：对于部分民进党立委指责你及你先人为"台奸"，你有何感想？

答：提到我家人，我非常遗憾！对于指责我父亲是汉奸的说法，我"强烈抗议"。什么叫汉奸！大家去看看连雅堂的台湾通史，上面写得很清楚，当时清廷已经将台湾割让给日本，台湾巡抚唐景崧溜了，台北的情况乱得不得了，连续二天二夜哭声满街。为了维持秩序，保护民众，我父亲才出面请日本人出来维护秩序。这叫汉奸吗？清廷已将台湾割让给日本，你要台湾人全数力拒而亡才不算"奸"吗？他们有什么立场说我家人是"汉奸"？

问：民进党认为你是阻挠学者参加"辜汪会谈"的始作俑者，这是陆委会的决策或是你个人的意见？

答： 当然是陆委会的决定，陆委会让我们怎么做，我们就怎么做，这是经陆委会评估的结果，我们只能接受。说我是始作俑者，没有道理，偏狭地讲，有人在旁边参加辜汪会谈，我反而可以不必负任何的责任。不让学者参与是陆委会的意思与主张，是他们决定的事。

问： 参加辜汪会谈前，发生了这么多枝节，会不会影响你的心情？

答： 说不影响，那是骗人的。到底是要我去见汪道涵，还是我自己要去见汪道涵，大家要搞清楚，我根本不想去见汪道涵。参加会谈不是出自我的意愿，我是以服务的精神"勉予应命"。要谈的问题已经很清楚，都是局限于陆委会的授权之内，包括公民权益、台商保障、避免偷渡事件及民事纠纷都是事务性的，没有什么值得存疑的。现在传播媒体那么精明，有什么样的"动作"绝对无法遁形，外界一定会知道，我不可能在媒体看不见的地方做不可告人的交易。

问： 经过了这么多事，你会不会后悔出任海基会董事长？你认为值不值得？

答： 后悔？为什么？这两年多来海基会做了多少事，没有对不起在台湾的中国人，虽然外界可能认为"成效不彰"，但海基会对台海安全、民事的问题做了很多事，至于值不值得，那是历史的事，五十年后，历史学家会评断谁对谁错，不必要我在此自吹自擂，我只求自己心安即可。

第三部分

汪辜握手举世瞩目

未演先轰动 舆论看会谈

北京，《人民日报》海外版发表署名文章《两岸坐下来谈好》，文章说，汪辜会谈即将举行，向人们揭示：两岸坐下来谈好。两岸关系要向前发展，不仅要捐弃前嫌、互相尊重、不强加于人，而且应把彼此的政治分歧暂时搁置起来，求同存异。发展两岸关系，就要胸怀两岸人民的共同利益，胸怀中华民族的全局利益。尽管有不同的理解和看法，也会找到共同汇合点，两岸就能坐到一起来谈。

《工人日报》4月23日新闻述评《汪辜会谈乐观其成》说，"汪辜会谈"虽然强调"民间性、事务性"，但不容否认，它却是松动台湾当局"三不"政策的关键。从中华民族的利益和民心来看，两岸多接触、多商谈，以求早日完成祖国统一大业是两岸根本利益所在。对此，海内外中国人对即将举行的"汪辜会谈"都乐观其成。

台湾《中国时报》4月25日社论分析了会谈的国际因素和互动关系：

随着辜汪会谈的脚步日渐逼近，国际社会对两岸和解速度的关切也日益升高。由于无论会谈的最终结果为何，这场历史性的会晤都象征区域权力结构重组的开始，从而牵动许多相关国家的政经利益。

从宏观的角度分析，辜汪会谈的顺利举行，将对亚太局势造成下列影响：

第一，有助于亚太局势的安定。这是两岸降低紧张之后，对区域情势的最大贡献。冷战结束之后，朝鲜半岛、台湾海峡及南沙群岛，一直被视为是亚太冲突的三个潜在引爆点。如两岸果能和解，则不但台湾海峡的危机将因之解除，台北和北京更可合力鼓吹区域国家联合开发南海资源，连带降低了南海的潜在危机。由于安定与和平是所有亚太国家均可均沾的好处，故也是周边国家所乐见其成的结果。

第二，两岸若因辜汪会谈而加速和解，则一个大中华经济圈的架构可能会因之隐然成形。届时不但台湾在大陆市场上将比周边国家占据有利条件，在国际市场上对许多国家的经济利益也可能造成危胁。相关国家对两岸和解所产生的复杂危机感，实也其来有自。

第三，一旦两岸和解，可能刺激中国民族主义抬头，使强权国家丧失打"中国牌"或"台湾牌"的机会。一个统一而强大的中国，对美日等国家而言，一直都被视为潜在的危胁。因此"让中国保持分裂，彼此牵制"，成为相关国家心照不宣的政策。今若两岸加速和解，则这个行之有效的政策势必得重加调整。各国在中国问题上的整体设计，分析的视野与角度，也都必须加以修正，方能应付这个崭新的形势。

为了争取重新评估与重新调整对策的时间，一些重要的国家如美日等，除了对两岸和解表示乐观其成之外，同时也都希望台湾能放慢脚步，毋须操之过急。而这也正反映出它们内心深处的矛盾。

从台北的角度观察，两岸和解时机的成熟与否，自有其本身的考量。以两岸交流互动之频繁，衍生问题之复杂，通过制度化管道进行协商解决，实已刻不容缓。而协商解决希望能产生具体结果，则必须以两岸和解为前提。因此功能性、事务性的谈判乃势在必行。至于和解的进程与速度，则台湾内部并无共识。在主张统一的意见中，一派认为和解速度应放慢，因为时间拖得愈久，大陆的改革愈深化，届时谈出的统一条件会更好；另一派意见则以为，一旦中共改革成功，则台湾经济力量所能发挥的筹码效用将大幅削弱，因此应把握时机，尽早进行政治谈判。这两种意见颇难立即判定孰是孰非，因为其间还涉及对统一模式不同看法的问题。至于主张"台湾独立"的一派，对两岸和解则自有另一套看法。在内部缺乏共识的情况下，外国的任何建议，任何评论，都可能在岛内被过度解释，并用来作为支持自己主张的依据。国际的焦虑与岛内大陆政策的争论结合，极可能摧毁国人在两岸关系上的薄弱共识，并使整个大陆政策失去方向。

所以现在必须做的，是先理出大陆政策和国际因素之间的关系，并规划出整套因应做法。其中包括下面几点认识：第一，两岸和解既涉及亚太权力的重组，就不可能在政治真空中存在，因此不能忽视国际因素。第二，两岸和解势在必行，但需要时间去凝聚内部共识，并对各种统一模式作精确的成本效益评估，因此步伐不能太快。在和大陆谈判的过程中，以彼此面积人口之悬殊，台湾也需要强国为谈判协议背书，并对因谈判而产生的亚太新秩序予以支持。只要台湾自己能够掌握方向，国际的关切未尝不可以变成正面的助力。

根据这些认识，可以归纳出一个具体的做法，就是尽量让国际明白我们的国统纲领，并尽量让两岸谈判透明化。相关国家可从国统纲领预知两岸和解进程，从而调整其中国政策。而台湾也可以根据国统纲领和解的脚步，凝聚内部共识。同时，每一次类似辜汪会谈的谈判，在谈过之后亦应以外文将经过与结果向国际宣布，使之透明化。惟有如此，方有可能在国际阻力最小，并避免横生枝节的情况下，减少两岸互动的国际成本，逐渐走出中国统一的道路。

台湾《新生报》呼吁以中国心、民族情看汪辜会谈，该报27日的社论说：

代表海峡两岸民间交流以来最高层次的"辜汪会谈"，将于今天举行。中国的统一，应以增进全体中国人的福祉为目的，两岸必须加强促进双方的交流互惠，缩短双方思想及制度差异，以早日建立双方互信互助的基础与协商互访的沟通管道，这次"辜汪会谈"即是历史性的第一步。

台湾与大陆之间，是血浓于水，不可分割，我们希望国人能以"中国心、民族情"，来看这次"辜汪会谈"，为中国和平与自由民主的统一，创造良好的机会。

香港《快报》4月26日发表了题为《恩仇虽未泯，机逢仍一笑》的社评：

海峡两岸四十三年最具政治象征意义的"汪辜会谈"，明（二十七）日起一连两天在新加坡举行。

严格而言，"汪辜会谈"不能称为一种谈判，人们不能因为会谈的气氛良好，而憧憬两岸将来在政治性的"和平统一"谈判，会有相同的景象。中国统一问题的谈判牵涉主权归属，政权分配，不是打哈哈，不是请客吃饭。

所以，人们尽管可以对两岸关系和缓表示乐观，但和平统一仍然是长路漫漫。

"汪辜会谈"的政治意义是象征大于事实，正是恩仇虽未泯，相逢仍一笑。

香港《成报》26日也发表题为《排除万难向和平统一起步》的社评说：

汪辜会谈由于两岸自台湾开放民众探亲以来，带动了台商在大陆的投资热，再加上两岸同胞本是一家，血浓于水的关系，引发出通讯、文书查证、婚姻、接受遗产、交还产业，甚至遣返罪犯和偷渡客等之问题已经使台湾的"三不政策"面临挑战，埋首于沙堆的驼鸟政策已到了寿终正寝之时，两岸半官方接触的僵局必须打破，是大势所趋，无可回避了。

台湾的海基会就是台湾开放民众探亲的产物，台湾早有"三不政策"，又有统独之争。官方接触，实在太过敏感，无法迁就。台湾既不能迁就，北京就让步，成立了与海基会对口的海协会，半官方接触于是开始。

两岸接触，始自八六年华航货机飞抵白云机场后展开的"两航谈判"，自海基、海协两会开始接触以来，最大特点是双方都以务实为首，摒弃了过去事事以政治为原则的做法，以极大诚意顾及两岸民众利益，寻求保障共同利益的实际可行办法。

行百里，半九十。从半官方接触，到结束敌对由两党谈判统一，仍有一段遥远艰巨的路程，但已排除万难迈出第一步，已属难能可贵。

台湾《新新闻周刊》评判两岸对汪辜会谈的长短期策略规划，认为台湾当局意在以"三通"交换中共同意其加入联合国，但在中共的反对下，结果如何要看谈判桌。文章说：

被广泛视为对两岸关系发展具有关键性作用的"辜汪会谈"，是两岸隔绝四十四年后，国共两党高层人士的首度正式会谈，海峡两岸都寄予高度的重视。就中共而言，对"辜汪会谈"的期待是先促成两岸直接三通，再进而促成两岸的政治谈判。而就台湾来说，"辜汪会谈"是要先建立两岸和缓的关系，以三通交换中共同意台湾进入联合国。李登辉所主导的大陆政策事实上是在走所谓的"西进政策"，亦即以远期的统一支票，以及近期的直接三通利益，换取中共不阻挠台湾进入联合国。另外，台湾所放出来的上百亿美元支援大陆建设三峡与开发浦东，或是图门江共同开发计划的空气支票，都是在利诱中共，欲使亟需资金的中共松动阻挠台湾进入联合国的立场。但中共方面，北京在三月间曾数度公开陈述其立场，其中包括新任中共国务院副总理的钱其琛，都一再强调绝不同意台湾以任何名义进入联合国。中共目前所迫切希望促成的对台工作绩效是两岸直接三通，而三通的会商一定要有管道传达，海基会虽然授权范围不及于商谈三通问题，但中共可以在制度化的沟通管道下随时对台湾提出此一要求。在两岸进入关税暨贸易总协定后，以及两岸经贸交流达到非三通不可的地步时，有了固定沟通管道，问题就比较容易解决。因此，未来对"辜汪会谈"的模式到此时也就算是完成使命了，而改由两岸官方进行直接接触。

三通对台湾而言，是经济利多，但也是政治利空，两岸在后三通时期的政治接触将是无法避免的。"辜汪会谈"所建立的模式不仅是两岸事务性与经济性问题沟通的管道，也更将是两岸政治角力的场所，"辜汪会谈"将两岸关系带入高层开始接触的时期，短期的暖身活动后，双方将无可避免地涉及政策面与政治面的议题，政治较量也是必然的趋势，届时对台湾是利多还是利空，就要在谈判桌上见分晓了。

随行人员星岛别苗头

　　虽然台湾岛内尚在为会谈代表的争执吵闹不休，汪辜会谈的进程却是从4月15日开始就已热闹滚滚。

　　4月15日，海基会与"陆委会"召开内部会议决定了参加会谈的人员及相关行程。

　　海基会18名会谈代表及相关人员，分三梯次前往新加坡，其顺序分别是：第一梯次：四月十九日出发，成员包括法律处长许惠祐、综合处长张全声、秘书处副处长徐建及工作人员王正磊、何武良。负责处理场地勘察、会谈地点的商定及安排会谈期间的各项庶务工作。

　　第二梯次：四月二十二日出发，由副董事长兼秘书长邱进益率领，成员包括副秘书长石齐平、经贸处长张宗麟、工作人员田忠勇、林源芳。负责与大陆海协会常务副会长唐树备具体商定正式会谈的议题项目、会谈议程，并就双方即将签订的"两会联系及会谈制度"协议草案敲定文稿，同时，对会谈之后准备发表的"共同文件"的形式、内容及名称体例等事宜，进行最后阶段的预备会议。

　　第三梯次：四月二十六日出发，辜董事长夫妇、副秘书长李庆平、文化处长朱荣智及工作人员吕国霞、和家麟、王中蓓及辜董事长私人秘书等人。全部代表团成员会合后，准备参与四月二十七日揭幕的正式会谈。海基会希望辜振甫抵达新加坡当天，能安排拜会新加坡内阁资政李光耀、副总理王鼎昌等人。并且不排除与海协人员一起同时接受新加坡方面邀宴的可能。至于会谈地点，尚等待新加坡提出建议，不过，两会已原则商定两会人员下榻不同饭店，以方便各自行动。

另外汪辜会谈采访新闻战已经开始。北京、上海等地主要新闻机构确定将派出二十余名记者专程赴新采访。台湾方面，三十多家新闻机构派出九十多名记者相继赶赴新加坡，再加上香港、美国、日本、新加坡等地记者，初步统计，采访会谈的记者将达三百人之多，掀起采访高潮。

海协方面，赴新人员也分三梯次：第一梯次有海协秘书部副主任乔锋、专员徐志勤等21日先抵新加坡安排食宿起居。第二梯次为副会长、秘书长级的唐树备、邹哲开、孙亚夫等23日赴新，与邱进益等就汪辜会谈的议题内容进行第二阶段的预备性磋商。第三梯次则是汪道涵夫妇及随行人员于25日抵新，准备27日与辜振甫正式会谈。

从19日海基会先遣人员到达新加坡后，两会人员便开始较劲，互别苗头。海基会副秘书长李庆平等一到新加坡，便前往台湾当局"驻新加坡代表处"，与其"代表"陈毓驹商量如何凸显台方及辜振甫的形象。陈毓驹安排了辜振甫抵新后举行盛大欢迎酒宴，介绍辜与当地名流及华侨领袖见面，以博取支持。

在安排食宿方面，台湾方面原来预订的是每日每人花费高达1000至1500美元的高级酒店"莱佛士饭店"，后来打听到海协和大陆记者们已预订中等消费的"丽晶酒店"，便改订中级的"威士敦酒店"，也与台湾记者们同住一家酒店，说是唯恐台湾舆论界批评商谈人员挥霍、浪费公币。为此还引起莱佛士酒店的不满，连海基会另想向其租用会场都被拒绝了。

台方人员在新加坡最重视的是如何双方"对等"的问题，就因为考虑"无法安排对等的礼节"，台方又改变了一次主意，"婉谢"了李光耀提出的同时宴请海协与海基会人员的建议。据悉，所谓"对等"，指的是宴会座次的安排，谁是主客、陪客、敬酒的顺序、致词、答词的先后等，台方的在意是新加坡当局不易"摆平"的困扰。

海基会秘书长邱进益对新国的邀请表示感谢，但以安排上确有技术上的困难婉拒。海基会只准备进行两会间的邀宴。

另外，为吸引媒体注意，两会也展开较劲。国民党《中央日报》说"辜汪会谈"举行在即，两会人员在会谈时均表示气氛融洽，颇有共识；但在许多形式的安排上却"比"得厉害，大陆海协会以"后发制人"为手段，海基会则力求"对等"。

海协打出"最大"的一张牌，就是汪道涵提前抵达新加坡，两位主角之一先抵新一天，最起码四月二十五日一天及二十六日上半天，就全部是汪道涵的场面了；辜振甫在二十六日下午抵达后，势必得有点"新招"才可扳回情势。

另外，在邱进益抵达新加坡前，海基会原先表示在机场不举行记者会，辜振甫抵新时，也不在机场举行记者会。可是，二十二日晚间唐树备一抵达新国在机场就举行了记者会。邱进益当天虽比唐早到几小时，却没占到便宜。海基会立即改弦易辙，宣布辜振甫一下飞机，就将在机场举行记者会。

又如此次会谈吸引了许多两岸以外的记者采访，为了外籍记者的需要，海协会十分周到地在唐树备记者会上安排一位翻译，海基会眼见就立即为邱进益也增加一位翻译。

不过，地主新加坡方面，虽然保持"中立"立场，可是，大陆方面与新加坡毕竟是有正式外交关系，台方仅设有"代表处"，难免有"先天失调"之处。

台湾报纸还认为，"特别值得一提的是，大陆方面到了'外国'一致对外的表现，实在是令人印象深刻"。大陆海协会与其驻新使馆，感觉上是合作无间，台方"代表处"在"幕后"全力协助，却处处强调民间，似仍有"难言之隐"。

"辜汪会谈"，台方坚持在第三地举行，原因之一是希望吸引国际间对两岸关系与对台方的重视，从这里已可看出其用心。

4月22日下午5时14分，邱进益及海基会第二梯次人员抵达新加坡，他们在机场贵宾室稍作休息后就驱车前往入宿酒店，等候晚间唐树备到新。邱进益此番前来参与会谈，随身携带着一本书，书名为《周恩来的管理艺术》。邱在台北候机离台时，向随机赴新的台湾记者出示此书，并表示此书是新闻界友人赠送的。他将利用在飞机上及议程以外的休息时间，仔细阅读，希望能够对此行有所帮助。邱进益说，周恩来在生前，长期担任中共要职及对外工作重任，对于过去数十年间国际政治及外交界影响很大，所以应该了解周恩来的行事方式及观念，况且此行也将与来自海峡对岸的人士商谈，此类书籍应该有些助益。

晚间7时，邱进益在下榻的酒店举行记者会，言明此行四大目的：确定"汪辜会谈"场所及相关问题；确定"汪辜会谈"的议程；进一步磋商"汪辜会谈"的议题和部分未达共识的问题；参加27日至28日"汪辜会谈"。

夜里11时，唐树备一行7人抵新加坡，在樟宜机场，唐树备举行了记者会，接受数十名中外记者采访。唐树备表示，"汪辜会谈"，是民间性、经济性、事务性、功能性的，这在北京举行的预备性磋商中双方已经明确，会谈结束时将发表一个共同文件，具体名称有待进一步商定。

他在回答记者提问时说，"两会"之间在北京达成的八点共识，涉及两岸同胞的切身利益，只要关心两岸关系的人，都会支持"汪辜会谈"。他说，凡是愿意与我们就两岸关系交换意见的人，不管是什么党派，我们都愿意与他们在北京接触。

关于鼓励和保障台商在大陆投资的问题，唐树备说，大陆一贯主张保障台商在大陆的投资。但保障台商投资，不仅大陆方面要努力，台湾方面也需努力。现在许多台商利益受到影响，主要是台湾方面政策引起的。我们希望台湾方面采取措施，减少对台商投资大陆的限制，进一步给他们提供方便，同时希望放宽大陆产品输入台湾的限制，开放大陆企业界赴台访问或投资。这不是什么筹码问题。

唐树备对新加坡方面为"汪辜会谈"提供的协助和热情接待表示感谢。

4月23日下午，唐树备与邱进益开始磋商，为汪辜会谈作最后的安排。磋商结束后，唐树备和邱进益分别举行记者会，介绍第一天磋商的情况。

海协常务副会长唐树备在记者会中表示，双方下午进行的会谈气氛良好。唐树备说：双方就此次会谈之最后准备工作进行商谈，同时也确定为27日、28日两天汪、辜两人正式会谈的议程：27日、28日两天上午汪、辜两人会谈；27日下午邱、唐会谈，28日下午即正式签署会谈结果书面文件。文件名称未定。

唐树备表示，24日上午将改由海基会法律处长许惠祐和海协会的咨询部副主任周宁主谈，内容仍将就在北京达成的八点共识继续讨论。

唐树备说，与邱进益的会谈中，也谈到两会在未来交流制度化后的会谈问题，并且也获得了结论。即董事长及会长原则上一年会面一次，副董事长及副会长半年一次，副秘书长及处长级人员每三个月一次。至于此一会面或会谈，将不再在第三地举行，为求方便，将轮流在两岸举行。至于高层人士之会面，仍不排除在第三地举行的可能性。

4月24日上午由周宁与许惠祐主谈，下午由唐树备与邱进益及两会人员就汪辜会谈共同文件内容和名称竟日闭门磋商。唐树备会后表示，他和邱进益希望能在26日前，也就是辜振甫和汪道涵会晤前，完成最后的文字工作。然后由他和邱进益看一遍，再由两会的领导人签署或发表。这份文件正式的名称，他和邱进益正继续就此商讨。邱进益表示，对"共同文件"的名称，海基会较属意"备忘录"，海协认为"备忘录"太正式、太官方。而海基会又认为"纪要"只是给双方看看，无约束力，明日大概能有个结果。

4月25日和26日这两天，两方分别由海协副秘书长孙亚夫和海基会副秘书长李庆平交谈磋商，对有关文件内容作最后的文字敲定工作。而汪道涵则已于25日夜飞抵新加坡，在等候会谈日期到来之前，先行在新加坡进行了一系列的拜会活动。

经过两天的努力，海协与海基会达成两项共识：决定就两会经常性联系和会谈制度起草协议草案；确定了"汪辜会谈"后发表的共同文件的基本内容。

磋商结束后，海峡两岸关系协会常务副会长唐树备和台湾海基会副董事长邱进益分别向记者介绍了两天来磋商的成果。

关于两会联系与会谈制度，磋商进一步明确：两会秘书长以上人员每半年在大陆、台湾轮流会谈一次，必要时经商定也可在第三地举行；两会会长、董事长见面时间、地点由双方商定；副秘书长以下每三个月轮流在大陆、台湾会谈一次。

这次预备性磋商确定，"汪辜会谈"的共同文件基本内容有四部分：一、叙述会谈地点、时间和参加会谈的人员；二、介绍会谈讨论的有关经济交流的问题；三、两会联系制度和文教科技交流问题；四、对新加坡方面为此次会谈提供便利表示感谢。

磋商还达成了一些经济交流方面的共识：两会领导人都感到，由于两岸经济的互补性，有必要加强经济交流；两岸应采取措施，促进和更好地保护台商在大陆的投资和正当权益。

唐树备在回答记者提问时说，海协还建议加强两岸新闻界交流，邀请两岸主要报刊社长、总编辑互访，邀请两岸资深记者和评论员作专门项目互访。并缩短大陆记者申请访台的时间。

磋商决定海协和海基会各自成立经济科技小组和综合事务小组，并各自指定一位副秘书长联系、处理有关紧急事件问题。唐树备说，这次磋商取得的成果，是在北京举行的预备性磋商达成的"八点共识"的具体化。迄今为止，两会的讨论是认真的、合作是愉快的。他表示相信，本着互相尊重、平等协商的精神，"汪辜会谈"会取得成功。

刻板授权，海基会怨言又起

虽说唐、邱在新加坡的磋商取得了相当多的共识，但双方在经济议题方面分歧颇大。

台方要求会谈签订"台商大陆投资保障协定"，大陆则反驳说，台湾当局至今一直反对台商直接到大陆投资，反对直接"三通"，又有何理由来签这个协定呢？

至于大陆方面提出在今年内两会联合举办"两岸民间经济交流会议"，可在台北或北京举行，以及台方应开放大陆经贸界人士赴台访问，邱进益在北京预备性磋商时曾对此表示同意，但到了新加坡磋商时，却又改口"无法在今年内举行"。

对于双方在经济问题上的分歧，唐、邱各有说辞。但邱进益因理不直而气不壮，转而抱怨台北政策多变，刻板授权。以下为两者的谈话：

唐树备认为台湾当局应取消限制台商到大陆投资的种种不合理政策，尽快开放两岸直接"三通"，这是对台商权益最好的保障，也是对两岸经济合作最好的促进。海协常务副会长唐树备24日上午在接受新加坡以及海峡两岸记者的采访时表达了上述看法。

唐树备说，大陆方面一贯重视保护台商在大陆投资的正当权益，因为我们把台商到大陆投资看做是有利于两岸和平统一的事情，早在1988年大陆就制定了鼓励台胞投资、保障台商权益的行政法规。这几年台商到大陆投资不断发展。迄今为止，已有12000家台商到大陆投资，截至去年，协议投资额达89亿美元。去年一年台商投资的户数和投资的金额都超过1991年前的总和。这就说明，台商到大陆投资是有保障的。这是一个基本事实。

唐树备指出，大陆的投资环境还有待改善，但也不应夸大不足之处，因为事实证明台商到大陆投资越来越多。值得注意的是，要警惕有的人将某些个别的局部的问题加以夸大，从而达到降低台商到大陆投资意愿的目的。唐树备强调，大陆在改革开放中将不断改善投资环境，今后会做得更好。

唐树备指出，保障台商权益，困难更大的是来自台湾方面政策的阻挠。台湾当局迄今为止一直反对台商直接到大陆投资，对间接投资也加以很多限制，如限制一些高技术项目不能到大陆来。台湾当局还一直反对直接"三通"，反对两岸金融界直接往来，使台商在融资方面遇到困难。

唐树备说，我们愿意听取各方面的意见，并将这些意见转告有关单位，但目前不涉及签订有关协议的问题。因为，投资保障协议的签订首先应是保障直接的投资。目前台商到大陆投资是间接的，通过诸如新加坡、日本、美国、香港的公司来大陆投资。唐树备指出，中国和日本、新加坡等国签有投资保障协定，假如台商发生纠纷可以参照这些协定来处理。台湾当局不赞成台商向大陆直接投资，就没有和大陆讨论签订台商投资保障协议问题的基础。

唐树备还就知识产权保护问题回答了记者的提问。他说，海协已授权同海基会就知识产权问题进行讨论，并拟在今年内举行商谈，争取达成一个对双方都有效的文件。对知识产权的保护大陆做了很多工作，台湾同胞的著作要在大陆出版，可以委托中国版权代理公司办理，台湾的商标、专利也可以到大陆登记，得到大陆的保护。唐树备指出，相反，大陆的版权、商标等在台湾没有得到足够的保护，达成一个保护知识产权的协议性的文件，是双方的需要。

面对唐树备连日来的一系列谈话，海基会副董事长邱进益一方面未获授权不能回应，另一方面也碍于当局的政策有很多难以开口之处，的确使邱进益感到有点如坐针毡。26日，他相当严肃地对台湾记者说："没有谈判的弹性空间让我很难谈判。"他形容自己，"有如身坐救护车"，"万一谈判破裂了谁负责？"邱进益希望"陆委会的朋友们"应该要思考此一问题。

邱进益说，从这几天的谈判中可以看到，在谈判桌上，海协从未牵涉出任何政治课题，但他们在会场外做政治宣传这一举动，这是可以理解的，毕竟他们想要加快两岸关系。反观台方，囿于岛内情势影响，反对党的杯葛，不能有所回应，这是台方要深思的地方。

邱进益这两天的"放话"分别将矛头指向海协和"陆委会"，他指责海协今年底就要召开经济会议，而且要求经贸官员来台，企图过分明显，不仅躁进，而且台北方面一定不会同意。至于"陆委会"的底线是明年召开经济会议，没有弹性的回旋空间，让他有如"身坐救护车"。邱说，两会在谈判共同文件内容时，对于召开经济交流会议的时间有相当的争执，唐树备希望此一会议越早越好，邱进益原答应要在年底前举行，却因台北方面出于年底台湾将举行县、市长选举的考虑，临时通知邱进益延到明年再说。邱进益证实，他所以在新加坡会谈中提出更改筹开经济会议的时间，是因为台北传来的指示。

邱进益在谈话还满腹感慨地形容他自己是个洒脱、务实的人，海基会秘书长这个位子做不做没关系，他直率地说，台北"有些人"对两岸的商谈只是在"应付"，如果时间一久，筹码会全部流失，到时候会输得精光。

邱进益也坦率地讲，台方自己的政策有矛盾，有关台商保障的问题，对方一讲话，往往令他无言以对。他批评说，台湾方面的确是有些"见树不见林"，有种"害怕"的心理，但现在是要解决问题，不能回避问题，"兴利要重于除弊"！

对邱进益的批评谈话，台湾舆论说，海基会前任秘书长陈荣杰曾形容自己是"坐轮椅、躺担架"。海基会现任秘书长邱进益经过几次谈判经验后戏称自己"现在是坐救护车"！台湾舆论分析说，由于两会的预备性商谈已经结束，"辜汪会谈"正式登场，双方接近摊牌阶段。特别是经济议题，台商保障和召开经济会议互为双方筹码和交换条件的态势，益为明显。双方"讨价还价"的过程中，谈判者就成为"三明治人"，来自前线与后方的压力同时涌现，因此，"放话"就成为谈判者最惯用的策略。

台湾《联合报》判断：

> 唐树备、邱进益、李庆平，昨天就都分别对媒体"吹风"，软硬兼施。唐树备和李庆平都撂下狠话，态度强硬；相形之下，邱进益就摆出一副"哀兵姿态"。

> 邱进益说他"现在是坐救护车"，看似走在刀锋边缘，听在记者耳里，也会为他捏把冷汗。可是，以邱进益的历练和智慧，他的"放话"如果视为"豁出去了"，可能就要犯了判断上的错误，视为"置之死地而后生"的策略，或许更为合理。

> 其实，海协的躁进和陆委会的限制，正可成为海基会交互运用的筹码。陆委会的"僵化"，更可作为海基会"缺乏筹码"的护身符。面对对方无可辩驳的挑战，便可顺势转移到台北来负担这个责任。对于中共的急迫，海基会也可适时提醒对方"吃紧弄破碗"，怎期望获得"双赢"的效果？海基会如此，海协会的放话动机不也其然？

《中国时报》则认为，邱进益颇有处于"腹背受敌，三面夹攻"感觉。《中国时报》分析说：

> 随着"辜汪会谈"揭幕期日近，两岸民间授权机构的谈判策略，也正进入最后阶段的决战关头。两会实际负责人邱进益与唐树备在新加坡进行的"会谈前哨战"，事实上已呈现"短兵相接"的态势。

邱进益目前虽按部就班，并依据陆委会的授权事项，与大陆海协会进行最后阶段的折冲、协调及整合，但因台湾内部的政治多元化背景，及政府监督体系的限制，导致邱进益当前的谈判处境，几乎是陷入腹背受敌，三面夹攻的艰难局面。

由于陆委会为了化解来自立法院及社会各界对"辜汪会谈"的政治疑虑，自北京磋商期间开始，即采取公布"授权书"的透明方式，在每一阶段谈判进度之前，将政府的立场，及授权给海基会代表团的权限、商谈的事项、因应方案底线、协商范围等涉及谈判筹码的事务，完全加以限定，使得实际负责主谈的海基会副董事长邱进益在谈判桌上，经常面临"不可说"的不利局面。

更有甚者，大陆海协会常务副会长唐树备虽然在谈判桌上，完全以务实作风具体商谈事务性议题，但连日来在会外的记者会或各项背景说明会上，唐树备以其身处大陆对台工作决策阶层的立场，不仅对记者询问的各项政治问题"有问必答"，甚至已到了"侃侃而谈"的统战境界，完全没有背负触及"政治谈判"的压力。

部分随行采访的台湾记者，因不愿见到邱进益在谈判过程处于完全守势的局面，曾建议邱进益适时回应唐所提出的政治见解，以有效"平衡报导"。但曾因发表"个人意见"，屡遭反对党立委攻讦的邱进益认为，这是唐的角色必然会提出的政治立场，台湾新闻界没有必要老在公开场合，逼着唐树备在政治问题上"表态"。邱进益认为，他接受政府授权委托，主要是与大陆授权机构讨论解决两岸事务性的问题，并不是来辩论，更不是争论的，双方没有必要在协商过程以言词刺激对方。邱进益可能会羡慕唐树备在谈判过程中的"无拘无束"，但邱进益却更期待，海基会民间中介机构的角色功能得以有效发挥。

据了解，在邱进益自总统府副秘书长转任海基会副董事长兼秘书长职务之前，邱进益对这项职位的角色功能，曾有过高度的期待与构思。

他认为，由于海基会秘书长的角色，能经常穿梭于两岸之间，因此，此一职务应能有效带动行政院陆委会、海基会与大陆海协会三个机构的互动运作功能，进而活络两岸关系的发展，这将是一项极具枢纽地位的角色。然而，事实的发展，却与邱进益原先的预测大相径庭，邱进益在谈判第一线感慨于"腹背受敌，三面夹攻"的处境，应是值得政府大陆政策决策部门深思的问题。

4月24日和25日，唐树备分别接受了新加坡记者及海峡两岸记者、香港记者的采访，阐述了大陆对祖国和平统一、两岸经济交流与合作等问题的一贯政策，并回答了记者的提问。

唐树备说，我们一贯主张由中国共产党和中国国民党在平等的基础上，就和平统一和两岸关系中的重大问题交换意见。因为大陆实行中国共产党领导的多党合作和政治协商制度，而国民党在台湾处于执政地位，由两党来谈统一问题，完全是合情合理的。

唐树备指出，一个国家只能有一个中央政府，我们不能接受"一个国家两个政府"、"两个政治实体"的提法或以这种名义来进行谈判。他说，中共中央总书记江泽民在中共十四大上提出，中国共产党愿意同中国国民党尽早接触，以便创造条件，就正式结束两岸敌对状态、逐步实现和平统一进行谈判，在一个中国的前提下，什么问题都可以谈，包括就两岸正式谈判的方式等问题找到双方都认为合适的办法。但这一建议至今没有得到台湾方面的回应。

唐树备谈到，海峡两岸分别成立了海协和海基会，两个机构分别得到有关方面的授权，就两岸交流中的事务性和经济性问题交换意见。即将举行的"汪辜会谈"就是民间性的、经济性的、事务性的会谈。

在回答记者有关两岸统一的问题时，唐树备说，海峡两岸隔绝了40多年，我们希望早日实现和平统一。我们建议，在一个中国的原则下，双方先坐下来谈，就正式结束两岸敌对状态达成一个协议；为维护包括台湾在内的中国的主权和领土完整，双方都需承担义务，采取措施，逐步推进和平统一事业。

中国的统一对东南亚的局势乃至世界的稳定都将产生积极的影响。唐树备说，统一没有时间表，但早统一比晚统一好。国家早日统一可以完整地维护国家的主权，也可使台湾岛内免除"统独之争"；两岸在经济上可以更好地合作，还可以共享国际尊严和荣誉。当然，统一应当逐步地进行。两岸应该逐步增加人员交往和经济上的往来与合作，通过商谈增进了解，解决问题，为中国统一水到渠成创造有利条件。

在评论台湾当局的"国统纲领"时，唐树备肯定了它确定中国统一的目标等积极的方面，同时指出了它在国家统一问题上事先设计了一个框子等消极方面。他认为，不能把两岸关系的发展看成是突破了什么防线，这样就是从对立的情绪来看问题。应当本着合作、务实的精神来处理两岸关系，只要符合两岸人民的利益，就应当从善如流。

谈到与台湾岛内其他党派的关系问题时，唐树备说，海协愿意同岛内各政党、各社会团体和各界人士就促进两岸关系发展问题交换意见。但我们坚决反对"台独"主张。

在回答香港记者有关香港在两岸交往中的作用问题时，唐树备说，香港的重要作用是明显的。目前两岸人员和贸易往来绕道香港，许多台商也以香港公司的名义向大陆投资。无论在两岸实现直接"三通"之前或之后，香港都可在两岸交往与合作中起重要作用。唐树备还表示，我们主张"一国两制"，认为这是国家实现和平统一最现实、最好的办法。

唐树备最后说，"希望台湾当局早日与我们进行政治上的接触商谈，我们仍在等待。"

邱进益也回答了台湾记者的提问，他重申海基会民间身分的立场，不过，他也表示，台方的政治性原则及立场就是"国统纲领"，只是岛内有些党派对"国统纲领"也否定，因此，这次商谈不管谈不谈政治性议题，都很难处理。

邱进益抵新之后，首次在其下榻套房接受台湾记者见面采访，意在借台湾新闻媒体陈述自己的看法。以下是台湾《新生报》4月26日刊登的访问的摘要：

问：唐树备在面对记者几乎无所不谈，许多政治性议题都谈，我们反而未谈？

答：我们的政治性原则及立场就是国统纲领，但在台湾我一说就被骂，所以，海协会谈政治立场，我如何接对呢？不讳言地，国统纲领目前是政府政策，如辜汪会谈我们要谈也只有谈国统纲领，何况，对方虽不是认同国统纲领，却也不是全部否定，但有些党派却全面否定，所以实在很难处理。

问：两会寻求对等，但实际上背后有无一个政府单位掌控？

答：我们目前做到两会对等，很多形式及细节都做到了，副董对副会长、人数坐位、场地都对等，文件表达亦然，虽是各说自话，但可发展一套规范，由简单而复杂，由个案到整体，由事务性到功能性，一直发展下去。

问：你私下接触时，海协会的态度有无改变呢？

答：几年下来，台湾到达大陆的人很多，海协有多方面讯息，可以比较有智慧地判断及理解台湾的情势，唐树备能了解我政府的步骤及政策，比较务实，就事论事。

问：大陆经贸人士及召开两岸经济交流会议时，具官方身分的大陆人士来台问题，是否显示中共想以此把国统纲领由近程推向中程，达到"以民逼官"的目的？

答：这是至为明显的。其目的从第一天谈判就可以感觉出来。但问题既然是问题，也不能拒人千里之外，一开始就说"不"，就接不下去，会谈会僵住。二则人家提出问题，我们也要思考。我们心中有国统纲领，心里可以不赞成他们的想法，但表面上可以很赞成，这不是诚不诚实的问题，而是底牌掌握问题。

问：听说国民党籍立委也来新加坡"观察"？

答：任何一个议员要来都没有理由拒绝，他们来是一回事，我们谈是一回事，这是两码事。

对于海基会受制于"不能涉及政治问题"的政策有口难言，以致于炮口转对岛内一事，台湾"陆委会"隔海干着急，只好于26日在台湾岛内发表了一通声明，要求海协人员要"自我约制"，不要在会外涉及政治性议题，以免对正式会谈造成不利影响。"陆委会"还因此紧急扩大了对海基会的授权，指示海基会人员，"对外可充分阐述政府立场与政策"。

另一方面，岛内民进党在派员参与会谈的算盘落空后，其"国大代表"和"立法委员"再生一计，组织了一个名为"民进党国会议员反对国共统一会谈宣达团"的7人小组，4月26日出发，准备到新加坡三天，去"向中共及国际宣达台湾主权独立的事实，同时提醒海基会于会谈时，不要轻易掉入中共的陷阱"。民进党人深知该党的这一举动无论在岛内还是在海外，可能得到的只会是批评而不会是支持，不过，这伙"台独"主张者还是决心要表演一番的。带队的民进党干事长施明德在出发前惺惺然表示："民进党此行是怀着悲壮的心情出发的，不但不期望有掌声，更愿意接受冷落和抨击。唯一的希望是不愿见到台湾人民因错误的谈判而落泪。"

这一知其不可而为之的行动在民进党内也有相当多的反对意见，遭到该党中常委中多人反对，在民进党专门为此事召开的中常会上，一些中常委既不赞成又不好公开反对，最后民进党中央决定"不介入"此事，把组不组团赴新加坡一事踢给党员去自己做决断。

民进党人要组监督会谈观察团一事，还引起岛内其他政治派别的反弹。国民党方面，中央政策会副秘书长饶颖奇曾放话，国民党"立委"也要组团赴新，来"反制民进党宣传策略，以正国际视听并为行政部门打气"。另一个名为"中华民族团结协会"（原"反共爱国阵线"）组织派出了许承宗等人也于26日到新加坡"全程观察"，并且"誓为中国和平统一有力后盾，期望民族整合，国家早日统一"。

岛内舆论对民进党的行动纷纷提出批评，《中国时报》发表题为《民主不是乱扣别人帽子》的文章说：本来以为台湾解除戒严后，正大步走向民主开放，不料现在却出现一种新的白色恐怖，这个白色恐怖的帽子以前叫"匪谍"，现在叫"台奸"。

在台湾实行戒严的时代，不断有人因为被"发现"是"匪谍"而关铁窗，街道上到处可见"保密防谍，人人有责"、"小心匪谍就在你身边"的标语。"匪谍"这顶帽子漫天乱飞，一被扣上就百口莫辩，身心失去自由，令人不寒而栗。

正当人们认为台湾已经摆脱了过去那个白色恐怖的时代，人民有了不被乱扣帽子的自由，终于可以安心过日子时，"台奸"的帽子却又开始飞舞在空中，现在是一个不小心，"台奸"的帽子就会扣在自己头上，连以往还需要的一点佐证都不用，可以完全不分青红皂白，同样让人百口莫辩，同样让人不寒而栗。也许再过不久，我们会在墙上看到"小心台奸就在你身边"的标语。

文章说，所谓的"民主化"，并不是指以前由少数人来乱扣帽子，现在则改成由多数人来乱扣帽子。民主的基本理念是天赋人权，每人生而平等，每人的基本人权都应受到平等的尊重。不分青红皂白地任意乱扣别人帽子，是唯我独尊的法西斯心态，更是绝对反民主的做法。以现在部分民进党人士乱扣帽子的行为看来，海基会董事长辜振甫即使没有其父亲的那段往事，一样会被指为"台奸"，因为他是台籍。如果辜振甫是外省籍，大概就会被扣上"吴三桂"的帽子。反正任何人一与中共接触就会被抹黑，但不与中共打交道的话，我们如何处理两岸关系？如何有效确保台海安定？民进党有没有个政策？民进党既然以执政为目标，想过这个重要的问题没有？

文章最后说，在白色恐怖的时代，不仅被扣上帽子的人遭殃，所有人的人格尊严都受到伤害。曾经经历过那段时期的政治人物，应该致力于消灭白色恐怖，而不是以暴易暴。希望台湾的民主发展，不是从一个帽子换到另一个帽子而已。

台湾《联合报》26日发表社论说，从台湾部分政界人士的激烈反应看来，普遍呈现出一种"抢搭巴士"与"泛政治化"的心态。这些人一旦"抢搭巴士"不成，就立即以不惜"玉石俱焚"的态度，力图阻挠辜汪会谈的进行。部分人士甚至提出"出卖台湾"这种低劣的攻击说词，想藉以抹黑整个会谈的意义。但是，换一角度来看待此一问题，如果这些人"抢搭巴士"成功，岂不是要为他们所指责的"台奸"担任"背书"的工作？这又岂是口口声声以"台湾的良心"自居的政治人物所应为、所愿为的举措？因此，所谓"台奸"，只不过是一种"顺我者昌、逆我者亡"的独断心态下所发出的攻讦藉口，与正义、真理全无关系。当然，对辜汪会谈的情绪化反应，的确凸显了台湾朝野之间在大陆政策上的严重分歧。

台湾多位曾留学海外的学者，在一场"辜汪会谈行前的叮咛"座谈会中呼吁，岛内应该齐一心志，不能自乱阵脚。

石之瑜认为"辜汪会谈"的进行，显示台湾与大陆间从主权竞争已转移到实质领域的加入关贸总协定、航空、环保、体育等方面的合作上。当两岸信任达到某一程度后，未必要靠主权竞争为彼此定位，如果强调"辜汪会谈"是主权问题，会使两岸当局形成抗争，这对台北不利。因此，应将"辜汪会谈"当成淡化两岸主权之争的起点，而以实际的功能领域的商谈，例如关税暨贸易总协定、航空、军事防卫、环保、体育、智慧财产权等，取代虚拟的主权观。

国民党文工会主任祝基滢25日发表谈话说，民进党拟组团赴新加坡监督会谈，以及指责汪辜会谈将"出卖台湾"的说法，已与现实完全脱节。民进党的动作完全是以"台独"的角度来看待汪辜会谈，忽略了台湾人民渴望的权益所在。民进党站在"台独"立场上，自然不希望两岸接触。

面对岛内为了汪辜会谈挠嚷纷争不已，国民党主席、"总统"李登辉再次出面，于4月26日，借着会见北美台湾商会联合会的侨胞时，呼吁"不要自乱阵脚"。

李登辉说："我想利用这个机会再说一次，台湾人是中国人，是中华民族的一份子，这是不容否认的事实。追求统一是我们的目标，至于何时统一，我们并没有时间表，要看两岸发展的情形而定。在统一之前，两岸之间要维持和平，要保障台湾的安全。两岸之间的关系，要秉持务实、稳健的原则来进行，每一个步骤都非常慎重，最重要的就是以全民的利益、福祉为依归，所以，根本不会有出卖台湾的事发生。""为保障民间的利益，我们同意了辜汪会谈的举行。这是民间性、事务性的会谈。两岸关系的推动一定朝野要有共识，一定要很谨慎，很务实。更重要的是，我们一定要有信心，不要自乱阵脚。"

然而，无论岛内能否因此而统一认识，汪辜会谈的日期已经逼近。

汪顾问与辜大老

会谈的主角即将出场了！这两位代表了海峡两岸40年来首次高层会谈的人物究竟具有何等特色呢?

汪道涵：上海市长、顾问、教授

今年七十八岁的汪道涵是安徽嘉山县人，早年毕业于上海交通大学。从他的履历看，他曾长期在各种经济部门担任职务。抗日战争时期，他是一个区的财经部长。新中国成立后，历任杭州市财经部长，浙江省财政厅长、商业厅长、华东工业部长等。后来，又相继担任第一机械工业部副部长、对外经济联络委员会第一副主任、国家进出口管理委员会及外国投资管理委员会副主任。1981年4月，汪道涵当选为上海市市长。1983年，他再次连任。在沪期间，汪道涵以其资深的经济学学识，为发展上海国际贸易商业中心的作用，作出了卓越的贡献。

在担任有一千多万人口的上海市市长期间，汪道涵在繁忙工作之余的最大嗜好，就是"逛书店"。上海市中心七八家书店里，经常可见到这位平易近人的市长的身影。他喜欢买书，文学评论、历史专著、名人传略、音乐美术、科技专著、经济理论，古今中外，无所不包。他有句名言："读书就是生活。"

149

他的办公室和家里堆满了书籍，每每工作至深夜，回家还要从床头的"书山"中取一册看看，有时至凌晨仍手不释卷。汪道涵买书常常重复，原来他不仅自己看，还推荐送给别人。学者风度，务实性格，以随和著称，这是海内外媒体对汪道涵的一致评价。

如果从1949年第一位上海市长陈毅算起，汪道涵是第五任上海市长，他在1980年从北京来上海接任彭冲，开始是中共上海市委书记、代理市长，到1981年4月当选上海市长。直至1985年7月由江泽民续任，他退居第二线。

如果从1927年有上海市建制并设第一任上海市长算起，汪道涵是第14任上海市市长。中国大陆的一家报纸做过这样有趣的统计：从1927年迄今的17任上海市市长，有9位市长是大学生或留学生，他们分别是隶属于国民党政府的张群、吴铁城、吴国桢、赵祖康以及共产党政府的陈毅、汪道涵、江泽民、朱镕基、黄菊；其中有两任市长获博士学位，即吴国桢和汪道涵。历任上海市长中最年轻的是吴国桢，时年42；其次是陈毅，48岁；最年长的是汪道涵，走马上任时52岁。

他卸任上海市长后，美国有个资深记者谈及对他的印象说："汪道涵卸任后，除应聘到复旦大学任经济系教授外，还应聘到美国塔夫茨大学讲学，可谓开一代新风。他本身是个专家，又做了五年多市长，胸有盘棋，且手中有数字，非常有条理。"

汪道涵至今还挂着上海市府顾问的头衔，但大部精力投身于民间活动。他受聘任著名的北京大学、复旦大学、同济大学经济系教授，1984年美国塔夫茨大学授予他名誉博士学位。1991年12月16日海峡两岸关系协会在京成立，年高德劭的汪公被推举为会长。同年12月28日上海台湾研究会诞生，他又被一致举荐为名誉会长。

汪道涵不论在哪个岗位上，许多上海市民常常是在书店里看到他的身影。他总是一身笔挺的西装革履，银发光亮整齐，有着学者睿智的风度，虽届古稀之年，却精神矍铄，红光满面，笑容可掬，平易近人。

海协会成立不久，就致函邀请台湾海基会董事长等访问北京。此后，由汪道涵具名再次致函邀请辜振甫，希望"就当前经济发展、两会会务问题，交换意见，洽商方案"。不久，辜振甫正式回函接受邀请。自此，"汪辜会谈"逐渐成为海内外舆论界的热门话题，古稀之年的汪道涵，他那红光满面、笑容可掬的形象出现在两岸民间机构授权商谈的前台。

（摘自人民日报、瞭望周刊）

辜振甫：横跨台湾政商两界

以400亿元新台币的资产净值名列台湾五大富豪的辜振甫，在台湾经济界具有举足轻重的地位。他手下的和信集团，由近20家关系企业组成，包括了以台湾水泥集团企业为主的制造业和以"中国信托投资公司"为主的服务业，1988年辜氏企业营业净额高达65亿元新台币，名列台湾企业集团排行榜第四。台湾《卓越》杂志的一篇文章说，除了优厚的家底、过人的智慧，善于把握机遇是辜振甫成功的秘诀。

辜振甫祖籍福建，清康熙年间，全家辗转迁至台湾彰化县鹿港镇。世世代代苦心经营，至日本占领台湾时期，在其父辜显荣手中，辜家已有农田6000多公顷，盐田300多公顷，并在台中、台南等县拥有18家糖厂，此外还有广大的茶园、凤梨田，成为当时台湾的三大地主之一。

1937年辜显荣去世，辜家日显衰微之势。刚刚在台北帝国（台湾大学前身）大学毕业，年仅20岁的辜振甫渐渐明白，守住已有的家产已难创大业，不接受磨练，"后患无穷，前途有限"。他离开家族中6家公司董事长的职务，东渡扶桑，在东京帝国大学财政系研究室潜心求学。

在日本求学期间，他从端盘子、抄文章做起，深入到生活最基层，丝毫没有世家子弟的骄矜。他还利用这一宝贵的机会，在课余时间，访问了日本众多的大型企业集团，如三菱公司、三井公司等。他发现这些大企业集团都很重视人才的培养与作用，公司的经营大权掌握在真正懂技术、懂业务的经理人之手，公司领导的后代与平常人一样，没有什么特权。这对他触动很大，直接影响了他日后为人处事的态度。若干年后的今天，当他年事已高，体力渐渐不济时，他也把生意上的许多事移交给才华出众的侄子辜濂松处理，而他的两个儿子，只是台湾水泥集团的普通工人，每天穿着辜振甫穿旧的衬衫上班。

1952年，台湾当局为摆脱经济困境，实行"土地改革"，鼓励大地主以手中的土地换取接收自日本人的台湾工矿、农林、纸业、水泥四大公司的股票，土地则由农民优先承购，以图扭转大片土地集中在少数地主手中的不正常现象。辜振甫明白，一个千载难逢的机会到来了。

他卖掉了手中的大部分土地，换取了台泥、台纸、台林、台矿等四家公司的大量股票，摆脱了父辈在土地上经营的旧模式，成为台湾新生的民族资本家之一。

1954年，作为大股东，辜振甫出任台湾水泥公司协理、常务董事，1959年6月任总经理，1973年5月任董事长兼总经理，一跃而为台泥的"大家长"。与此同时，他又先后创立了台湾通运仓储公司、光和耐火工业公司、台湾士敏土工程企业公司等6家子公司，组成台泥企业集团，成为台湾当时最大的企业集团。

辜振甫的事业一发不可收拾。

创立台泥集团后，他发现当时台湾经济建设所需各类资金，存在极大的供需矛盾：企业经营缺乏资金，银行存款却苦无出路。于是，他大胆提出"资本证券化、证券大众化"的主张，极力推动证券交易所的成立。1962年2月，辜振甫正式创立了台湾证券交易所，从事股票承销。后来他又创办了中华证券投资公司，自任董事长。1971年证券公司改组为"中国信托投资公司"。台泥集团、信托公司成为今日辜振甫整个事业的两根擎天柱。

"把握机会的人就能成功"，辜振甫以自己的行动证明了这句他常常挂在嘴边的格言。

在商场斗争中习得的机警、敏锐，使得辜振甫在台湾政坛上也"连连告捷"。他借助自己精通英语、日语的优势，以雄厚的经济实力为依托，频频穿梭于各国之间，与众多国际要人建立了广泛的联系，显示出极强的活动能力和组织才能。辜振甫游刃有余地穿梭于各国政要之间，还赢得了"经济外交家"的名号。

"我不过是甘草而已"，对于外界的称誉，辜振甫总保留几分谦让，他指着自己说："你看我像商人？学者？还是政治家？"

自谦因兴趣广泛，什么都涉猎，所以成了四不像。然而"甘草"的定位，却使他在台湾的政经发展中，虽未正式出任财经官职，却常居于举足轻重的地位。

辜振甫赢得了台湾当局的信任与支持。他曾客串担任过蒋介石的日文秘书，并曾数次受蒋重托携带巨款赴外活动。

1969年他被选为国民党中央委员；1981年当选为国民党中常委、台湾工商协进会理事长；1988年任"总统府国策顾问"，1989年，李登辉给他颁发了当局所设的一级"景星勋章"，次年，聘他为"国家统一委员会委员"，授予他"总统府资政"的头衔。辜振甫成为唯一"未循公职而上"的国民党"大佬"。

虽然财势和声望都达到了顶峰，但是，这对两刃的利剑，也不免让他遭致一些异议的眼光，有人批评他藉由良好的高层党政关系进行不公平竞争，将他人摒除出竞争者之列。

而辜家日据时代良好的对日关系，虽像传家宝般奠定了辜家日后政商发展的根基，但也令某些人对辜家日据时期与日方的友谊颇不能谅解。

辜家从辜显荣时代开始，即与日本人有着"血水相合"的因缘。辜振甫的父亲辜显荣在日据时代，响应参与台湾实业计划，而拥有了糖、盐的专卖事业，以及茶园、凤梨田……等土地，并与韩国的卜泳孝同时跻身为日本的贵族议员。上从辜显荣、下至辜伟甫（排行老六）和辜濂贞（辜濂松的兄长）……等辜家成员中，皆有中日联姻的纪录，因此辜家第二代成员聚会习惯以日文交谈，而辜家第三代中也不乏留日的背景。

深谙"取之于民，用之于民"道理的辜振甫也不忘着力扩展在岛内的影响。1976年，他捐赠巨资创办了台湾经济研究所。1990年11月海峡交流基金会成立时，他出资2000万台币，被推任为海基会的董事长。前年刚做过心脏手术的辜振甫今年已75岁，胰脏、肝、肾脏都已换过。他笃信佛教，在老家双城街的一栋大厦中，他每天都要烧香，祈求心绪宁静。大家族的繁文缛节和多年日式礼教的洗礼，使他显得温文尔雅，一派儒士风度。他为人处事相当注重细节，送客时行礼如仪，目送客人离去，发言讲究用词遣字，对秘书帮助拟好的讲稿，总是不厌其烦地逐字修改，三番五次地更动。

辜振甫嗜爱京剧，自认已达到专业水平。他不但唱老生，有时还反串旦角。通过京剧，他结识了不少政界人物。

辜振甫的妻子严倬云是近代思想家严复的孙女。辜家豪华的住宅里存有严老先生的真迹字画，国画大师张大千的水墨画，有六千年历史、价值5万美金的彩陶及诸多古玩古董使得辜振甫的会客室洋溢着浓郁的艺术情调。他有每晚读两小时书的习惯，偶尔也写写文章，填诗作词自娱。辜振甫常常对别人说，也许自己入错了行。因为他对文学很感兴趣，20多岁时还在《青岛日报》上还发表过两篇小说。

（摘自台湾《卓越》杂志等）

4月25日上午，海峡两岸关系协会会长汪道涵偕夫人乘民航班机离京赴新加坡，全国政协副主席、中共中央台办主任王兆国到机场送行。

汪会长在机场对记者说："我对能与辜振甫先生会晤感到非常高兴。去年8月4日，我函邀辜振甫先生早日会晤，就当前经济发展及双方会务诸问题，交流意见，洽商方案，共利两岸，辜先生接受了邀请。经过海峡两岸有关方面的共同努力，唐树备与邱进益两位先生做了大量的前期准备工作，如今终于能够举行这次会谈了。考虑到辜先生的方便，两会商定在新加坡会晤，希望以后能在大陆或台湾与辜先生继续晤谈。"

汪道涵说，这次我和辜振甫先生的会谈是民间性的、经济性的、事务性的、功能性的。双方将就海协与海基会两会会务、两岸经济交流及科技、文化交流等方面的问题进行商谈，争取达成积极的成果。我还将与辜振甫先生正式签署《两岸公证书使用查证协议》、《两岸挂号函件查询、补偿事宜协议》。

王兆国在接受采访时说，海峡两岸隔绝了四十多年，"汪辜会谈"作为海峡两岸有关方面授权的民间团体领导人的首次会晤，对两岸关系发展将有积极的推动作用。他说，我们重视这次会谈，希望这次会谈能够谈好，谈出成果，为推动两岸关系向着和平统一方向发展作出努力。

挥手暂别北京，汪道涵一行11人于5时30分抵达新加坡樟宜机场，受到百名中外记者的包围。汪道涵随即向记者发表讲话并回答了提问。

汪道涵首先代表海协向新加坡各界人士致以诚挚的问候，向为会谈提供方便与帮助的新加坡各界人士，向所有关心祖国统一、中华民族振兴的海外侨胞，表示深切感谢。

他说，他此行专为同海峡交流基金会董事长辜振甫先生会谈而来，他为能与在台湾政界、工商界具有重要影响力的辜振甫先生就两岸关系发展的问题举行会谈而感到高兴。他说："这次会谈虽然是民间性、经济性、事务性、功能性的，但也是两岸交往中跨出的重要一步。"为了中华民族包括两千万台湾同胞的根本利益，两岸同胞应更具前瞻性地去面对未来，把握住国际发展趋势所赋予我们中国人的历史机遇，以宽阔的胸怀向前看，加强合作，携手努力，共同振兴中华。

汪道涵说："我们主张和平统一，我们双方都有发展两岸关系、实现和平统一的愿望，就没有什么不能坐下来谈的问题。"他表示深信，只要双方本着相互尊重、平等协商、实事求是、求同存异的精神，就一定能使这次会谈顺利进行，并取得积极成果。汪道涵说："我与辜先生此行，身负着两岸同胞的殷切期许，任重责深。本人愿以满腔热忱，为维护两岸同胞正当权益，为发展两岸关系，竟尽绵薄之力。我衷心地希望这次会谈能为发展两岸关系作出贡献。"

新加坡内阁资政李光耀26日下午在新国总统府会见了汪道涵，双方进行了一个多小时亲切友好的交谈。

汪道涵受中国国家主席江泽民委托，邀请李光耀资政5月份到上海参加国际政治家会议，并作为江泽民主席的客人到北京访问，李光耀资政感谢江泽民主席的邀请，表示要到北京去访问，并请汪道涵转达他对江泽民主席的问候。

汪道涵对新加坡为"汪辜会谈"以及在此之前的第二阶段预备性磋商提供的帮助表示感谢。李光耀说，新加坡很高兴有机会为海峡两岸提供帮助。

汪道涵向李光耀介绍了大陆经济建设发展的情况和两岸关系近几年的发展。他说，大陆把两千万台湾同胞的利益考虑在全国人民的利益之中，把两千万台湾同胞取得的成就作为整个中国人民的成就而感到高兴。他说，两岸经济要扬长补短，到大陆来投资的台胞要考虑使大陆和台湾都得利，大陆也要使台胞有信心。李光耀对汪道涵的介绍表示很感兴趣。他赞成两岸往来继续发展，希望一两年内"汪辜会谈"能在大陆和台湾举行。

汪道涵还对李光耀资政谈到台湾民进党的问题。他说，我们欢迎民进党以个人名义来大陆，愿意与他们交换意见，但对民进党主张"台独"的纲领，我们是反对的。

参加会见的还有海协常务副会长唐树备和中国驻新加坡大使馆临时代办魏渭康。

比汪道涵抵新稍晚一日，海基会董事长辜振甫26日中午才抵达新加坡。辜晚到的原因，据台湾报纸的报道，辜振甫舍去搭乘26日当天可以直达的新加坡航空公司班机及台湾长荣航运公司班机，而坚持搭乘必须在香港落地等候一个多小时，才能抵达的台湾中华航空公司班机，是因为华航客机上涂有"中华民国"国旗标志，辜要"背负国旗"去谈判。

辜振甫于26日上午8时，偕夫人及海基会副秘书长石齐平等人，从台北桃园机场，搭乘华航班机前往新加坡时，台湾"总统府"资政、海基会名誉董事长孙运璿、"陆委会"主委黄昆辉、副主委叶金凤等到机场送行。

辜振甫临上机前表示，这是两岸"史无前例"的会谈，他个人觉得惶恐不已，两岸经过四十多年的隔绝，期待能够在短时间内，将关系拉近，是非常困难的事情，台湾民众不应存有这次会议能够解决所有问题的期待，两岸关系必须一步一步来，循序渐进。

他说，此次是和大陆海协会会长汪道涵，签署两岸公文书使用查证协议、两岸挂号信函件查询、补偿事宜协议，纯粹是事务性的会谈。他希望整个过程透明化，外界不应将之太过于政治化，如果一下子就提升到"总统"层次，可能使事情复杂化，所以两岸事务应该是由简而繁。辜振甫也强调，他此行绝对不在会中与大陆谈授权以外的话题。他并否认此行携带李登辉"总统"的任何讯息或指示。

中午，辜振甫抵达新加坡，他在机场发表谈话说："海峡两岸不仅有地理、历史、文化的溯源，更有血浓于水的民族感情，台湾与整个中华民族的关系是切不断的。"

他说："如何消除彼此间多年来的隔阂与离异，这的确是一项十分艰巨的工程，企盼海峡双方都能以开阔的胸襟、理性的了解、高度的智慧、务实的态度以及稳健的步伐来加以推动。"

在回答记者问题时，辜振甫说，现在两岸人民的往来一天比一天频密，经贸交流一天比一天增加，希望这次会谈为两岸交流秩序化、两岸关系良性发展作出贡献。

有记者问，大陆多次邀请辜先生访问北京，台湾方面能否邀请汪道涵访问台北。辜振甫认为，既然是交流，汪道涵当然可以访问台北。至于何时可以成行，现在还未达成协议。

谈及即将举行的"汪辜会谈"时，辜振甫说，海基会和海协已跨出了历史性的一步。他祝愿会谈顺利成功，为两岸关系的将来奠定良好的发展基础。

晚上，"台北驻新加坡代表处"代表陈毓驹为辜振甫举行盛大欢迎宴会，宴会选择在莱佛士酒店，并邀请了许多新加坡名流和华侨代表。不料宴会进行不久突然出现民进党人的闹场事件，并发生口角和动作冲突，使宴会不欢而散，在场数百名新加坡宾客大惊失色。

民进党的"反对国共统一会谈宣达团"一行十多人，26日从台北到新加坡后，迫不及待地召开新闻发布会宣扬其"台独"主张，可惜与会记者太少。下午3时，这些人前往"台北驻新代表处"拜会后，却被邀请参加该处晚间6时在莱佛士举办的迎辜宴会。民进党成员于辜振甫夫妇到达宴会厅不久也赶到会场，并且与辜氏夫妇打过招呼之后，黄昭辉等六、七人，在会场内近门口处，突然高举大字书写的"反对国共统一会谈"标语，引起会场一阵骚动。除了在场维持秩序的新加坡警员阻止外，来自台湾的"爱国阵线"人员许承宗等也上去抗议，部分对民进党这种行为看不顺眼的新加坡华人也加入，并且高喊"打倒台独"、"反对台独"，于是双方一阵推拉，互相对骂，民进党籍立委沈富雄骂新加坡人"是中国的走狗"，更引来强烈争执。

民进党成员并在会场另一端高声演讲，声称此次"辜汪会谈"是"出卖台湾的国共统一会谈"，他们前来此间即是要"宣达"不同意之见。他们反对两岸统一，认为两岸应以"一中一台"作"国对国"的会谈。另外一名成员并以"美国人不是英国人，英国人不是美国人"说词，蛮横地反驳一名新加坡华人所提"两岸都是中国人，应统一"的说法。这名"台独"分子说，"中国人不是台湾人，台湾人不是中国人，台湾应独立于中国之外"。

辜氏夫妇经此一闹场事件后，于七时许离去。记者问他对此有何感想？他说：这种情形，他哪有什么心情、哪有什么感想？

民进党成员之一还指责台"驻新副代表"张金钧，未保持"行政中立"，同时，要台"驻新代表"陈毓驹为此事作"回国述职报告"。

民进党可以闹场，却不准旁人指责他们的不对，这那里是"民主进步"？在场的人议论纷纷，有的说，民进党有发表言论的自由，但是应找他处发言，而非在别人宴客的场合中放言高论，乃至砸场。

在场新加坡人都认为这是他们此生第一次见到的情景，令他们无法想像。

新加坡警方人员在"闹场"事件发生后适时出现，请民进党成员离开会场，并简单询间身份，但未多加留难，随后，民进党成员再进入会场，但未再闹场。

民进党人的行为，使在场的中外人士大为反感，有的人士批评民进党到新加坡来捣乱是不尊重东道国，要他们"退回台湾"。一位出席宴会的新加坡名流愤而提前退席，谴责民进党作得"实在过分"。新加坡警方没收了民进党张贴的写有"台独"口号的标语。

第二天，7名民进党人又到"汪辜会谈"地点海皇大厦门前，散发所谓"独立建国纲领"，并在汪道涵和辜振甫抵达会场时大喊"台独"口号，被新加坡警方带离现场。一些前来采访"汪辜会谈"的新加坡记者纷纷表示，民进党这样做违反了新加坡的法律。还有些关心汪辜会谈的新加坡民众对记者说：如果他们再来闹事，我们就制止他们。

新加坡舆论对民进党的行为表示反感，在报道中批评民进党"无理取闹"。

专程从美国来采访汪辜会谈的专栏作家阮次山评论说，民进党闹到新加坡来是极不明智的，丢尽了台湾同胞的脸。

民进党人的行为的确使台湾方面感到脸上无光。国民党《中央日报》发表题为《这就是民进党，唉！》的报道说：

民进党人不脱草莽之气，舍文明而就野蛮，竟以客人的身份在主人举办的酒宴中闹场，而且辱骂新加坡人，让我们全体国人觉得无地自容。"独立"对台湾地区人民有什么好处呢？说穿了，"台独"只是极少数想关起门来做皇帝的政客的自私想法而已。为了自己的权力欲望，竟然丢人丢到国外去。这就是民进党，唉！

27日，国民党中央秘书长许水德针对民进党行为，特别引述李登辉私下场合的谈话来批评民进党。他表示，李登辉曾说："为了实现政党政治，有时对民进党采取较宽容的态度，但民进党如果一再表现出不认同国家，所作所为罔顾台湾两千万人的利益，对民进党就不能再纵容了。"但李登辉的"纵容"说立即引起民进党和其他政治势力的反弹。民进党称不了解李登辉什么时候纵容过民进党，并指责李将两岸问题当成政党斗争的工具。岛内的一些支持统一者也引李的话来证明李登辉曾经纵容过"台独"主张的民进党人，也就是纵容"台独"。

此说在岛内引起的震荡直至汪辜会谈结束后仍未平息。

在北京，新华社发表评论《干扰"汪辜会谈"不得人心》，评论说：

当举世瞩目的海峡两岸首次有关方面授权民间机构领导人的会谈在新加坡举行之际，台湾民主进步党竟然派出所谓"反对国共统一会谈宣达团"到新加坡闹场捣乱，鼓吹"台独"主张，企图干扰"汪辜会谈"。民进党此举严重违背两岸人民的利益和意愿，是不得人心的。不但不可能得逞，反而进一步暴露民进党部分政客不顾台湾人民利益，一心只想自己关起门来做皇帝的自私心态。

众所周知，海峡两岸隔绝近四十年，自1979年全国人大发表《告台湾同胞书》后，两岸关系开始缓和，1987年台湾当局开放民众赴大陆探亲，两岸人民的民间往来逐年增加，两岸间的人员、经贸、体育、科技、文化等各方面的交流交往蔚成潮流，沛然莫之可御。然而，由于台湾当局采取"三不政策"，两岸没有官方接触，沟通不便，两岸随着交流而衍生的、涉及民生利益的问题，无法得到及时解决。直接影响所及，是海峡两岸人民的权益、利益和生命财产的安全，"汪辜会谈"便是基于两岸民众的利益与愿望，在两岸有关方面的努力和催生下，才得以举行的。

"汪辜会谈"虽是民间性的、事务性的、经济性的，但会谈的举行，有利于两岸关系的缓和与进一步向前发展，有利于维护两岸同胞的共同利益，因而在台湾岛内得到各界的普遍欢迎。台湾民众对会谈寄以厚望，不仅希望会谈成为一个良好的开端，为促进两岸的交流交往解决实际问题，还期望会谈顺利圆满完成，促成两岸关系从政治敌对向和平对话发展，为两岸的互通建立一个良好的管道。然而，部分"民进党"人却甘冒天下之大不韪，先是攻击侮辱台湾海基会董事长辜振甫先生为"台奸"，继而又到新加坡去闹场，干扰会谈。他们的目的何在呢？

从这伙人在新加坡的所作所为来看，他们一边叫嚷"台湾人不是中国人"、"反对两岸统一"，一边在辜先生的宴会上大打出手，甚至粗口辱骂在场的新加坡国人。这种不择手段的无理取闹清楚证明了"台独"分子害怕"汪辜会谈"。在他们眼里，海峡两岸的任何接触都可能产生有利于中国统一的因素，却不利于他们鼓吹"台独"主张。他们口口声声"为了台湾人的利益"，实质上"台独"不仅背祖忘宗，强奸包括台湾人民在内的全中国人的民族感情，而且无视台湾同胞的根本利益和现实利益。"台独"分子必欲制造两岸紧张气氛，以利他们挑拨台湾同胞的感情，满足他们关起门来做皇帝的权力欲。

民进党部分政客甘当"台独"马前卒，其干扰"汪辜会谈"的所作所为根本违背广大台湾同胞的意愿，不顾台湾同胞的利益，他们的企图是不会得逞的。逆潮流而动的"台独"分子，也必将遭到全体台湾人民的唾弃。

历史性的握手

　　1993年4月27日，众所瞩目的海峡两岸授权民间机构领导人的首次会谈——"汪辜会谈"在新加坡拉开帷幕。海峡两岸关系协会会长汪道涵和台湾海峡交流基金会董事长辜振甫首次坐到会谈桌前，就加强两岸经济合作和两岸科技文化交流、两会会务问题进行磋商。

　　上午10点零6分，当汪道涵和辜振甫一起出现在海皇大厦4楼会谈大厅时，200多名中外记者将2人团团围住，话筒林立、照相机的灯光闪烁，记录下了这一两岸关系史上具有历史意义的画面。

　　海协和台湾海基会代表各10人参加了上午的会谈。

　　花木葱茏的新加坡这一天阳光灿烂。上午9时55分，汪道涵和辜振甫分别提前到达海皇大厦。尽管在大厦前遇到少数民进党人的无理纠缠，但看来丝毫没有影响汪辜二人愉悦的心情。会谈正式开始之前，在休息室里，两位酷爱京剧艺术的老人轻松地谈起两岸京剧名角的话题。风度儒雅的汪道涵嗜书，对京剧艺术也情有独钟。而辜振甫早年与梅兰芳很熟，在台湾还时常客串登场，他早已准备在这次会谈结束回台北后，将以票友身份演出京剧《借东风》中的孔明一角。

　　10时许，两位领导人并肩步入摆满鲜花的会议室。双方各10位代表一一落座，揭开了这次预期两天的会谈的序幕。

越过宽不足两米的桔红色会议桌，红光满面的海峡两岸关系协会会长汪道涵与台湾海峡交流基金会董事长辜振甫紧紧握手。这是一个历史性的时刻，标志着海峡两岸关系又跨出了重要一步。

现场采访的二百多名中外记者中响起了"再握一次手"、"再来一次"的呼声。汪道涵和辜振甫对视而笑，欣然一次又一次地握手，满足记者们的要求。汪道涵笑着打趣说："我们成了'义务演员'了。"

汪道涵和辜振甫隔桌四次握手互相致意之后，会谈正式开始。

首次会谈在融洽的气氛中进行。比辜振甫年长两岁的汪道涵先讲话。他说：

"我首先转达江泽民先生、李鹏先生向辜先生的问候，并请辜先生转达他们个人对李登辉先生、连战先生的问候。他们也向曾支持这次会谈的郝柏村先生问候。"

今年七十六的辜振甫认真地记下汪道涵转达的问候。

辜先生讲话时表示，各方面对这次会谈寄予很大的希望。他希望通过坦诚交换意见，为两岸关系的将来奠定良好的发展基础。

11时20分，第一次会谈结束。当汪道涵与辜振甫步出海皇大厦时，外面艳阳普照。

海协常务副会长唐树备在上午会谈结束后向记者们通报了会谈的情况。他说："会谈是在融洽的气氛中进行的，双方坦率地陈述了各自的观点。"

据唐树备介绍，汪道涵会长转达了江泽民、李鹏对辜先生的问候，并请辜先生转达他们个人对台湾有关领导人的问候后接着谈到，这次会谈是民间性、经济性、事务性、功能性的会谈。会谈的举行充分说明了海峡两岸经济交流合作的迫切性和必然性。汪道涵认为，两岸经济交流合作是一种趋势，适应和大力推动这种合作趋势，才能造福于整个中华民族。他说，邓小平先生一再强调，要抓住机遇，加快发展。李登辉先生也认为，台湾经济的发展要以大陆为腹地。我们对这种远见表示赞赏，并希望看到实际举措。为使中华民族在世界经济中占有重要的地位，两岸应携手合作，"合则两利"。汪道涵还谈到，大陆经济发展的前景是好的，有望成为世界最大的几个投资、消费市场之一。面对这样一个大市场，外国资本迫不急待地挤进来。台湾资金不进来，西欧、北美、东亚、东南亚各国的资金也要进来。我们希望两岸合作，共同繁荣大陆这个市场。

接着，汪道涵论述了两岸经济交流合作的八个具体问题：一、对两岸经济合作的基本主张；二、直接"三通"应当摆上议事日程；三、关于两会共同筹开民间的经济交流会议（制度）的建议；四、台商在大陆投资和大陆经贸界人士访台问题；五、两岸劳务合作问题；六、台湾参与开发浦东、三峡、图们江问题；七、合作开发能源、资源的问题；八、合作开发台湾海峡和南海无争议地区的石油资源问题。

汪道涵谈了约40分钟。辜振甫接着就两会联系合作、共同打击海上走私、犯罪以及两岸经济合作、青少年和科技文化交流等问题谈了看法，他表示愿意与海协商讨筹备召开民间经济交流会议的可行性，也准备与海协讨论共同开发和利用资源与能源问题。

汪道涵最后表示，海峡两岸隔绝了近40年之后进行交往，有大量的问题需要解决，我们反复讲，只要坐下来谈，一切问题都好商量。只要两会本着互相尊重，平等协商，实事求是，求同存异的精神，总会找到解决问题的妥善办法。他希望会谈取得积极成果。

上午会谈之后，唐树备和邱进益分别举行记者会，回答了中外记者提出的问题。

在回答记者关于两岸"三通"的问题时，唐树备说，汪道涵先生已向辜振甫先生表示，两岸经贸交往发展至今，直接"三通"更显必要，应摆上议事日程。从现实出发，并考虑到建立互信需要一个过程，可以先从货运的海上定点直航谈起，双方可以就这些问题商谈的准备程序交换意见。海协愿与海基会讨论"三通"中的一些具体问题。辜振甫先生认真地听了汪道涵的建议。

附一：

参加"辜汪会谈"正式会谈人员

海基会

辜振甫　董事长

邱进益　副董事长兼秘书长

石齐平　副秘书长

李庆平　副秘书长

朱荣智　文化服务处处长

张宗麟　经贸服务处处长

许惠祐　法律服务处处长

张全声　综合服务处处长

何武良　法律服务处专员

林源芳　旅行服务处专员

海协会

汪道涵　会长

唐树备　常务副会长

邹哲开　副会长兼秘书长

刘刚奇　副秘书长

孙亚夫　副秘书长

徐志勤　专员

李亚飞　综合部主任

周　宁　咨询部副主任

刘建中　协调部副主任

马晓光　综合部人员

（台湾《中国时报》制表）

附二：

汪道涵提出关于海峡两岸经济交流合作的具体意见

一、两岸经济交流合作的迫切性和必然性。新的世界经济格局正在形成之中。亚太地区经济快速增长。海峡两岸的经济与科技发展面临挑战，同时也有机遇。邓小平先生一再强调，要抓住机遇，加快发展。大陆在加快发展中，重视吸引和利用台湾的资金、技术和企业管理经验。台湾工商界普遍认为，在未来国际经济发展的压力下，更显得台湾经济的前途在大陆。两岸经济各具特点和优势，互补性很强，具备合作的良好基础。

大陆十四年改革开放和经济建设的成就举世公认。去年百分之十二点八的经济增长率，震动了整个世界。中共十四大确立了建立社会主义市场经济体制为经济体制改革目标，而且在八届全国人大第一次会议上写进了宪法。以经济建设为中心和改革开放政策非但不会变，而且要继续深化改革，扩大开放。大陆经济发展的前景是好的。大陆的社会主义市场逐步发育、扩大，并且有望成为世界最大的几个投资、消费市场之一。面对这样一个大市场，外国资本迫不急待地挤进来。台湾资金不进来，西欧、北美、东亚、东南亚各国的资金也要进来。我们希望两岸合作，共同繁荣大陆这个市场。这也有利于台湾经济的发展。

二、对两岸经济合作的基本主张。我们对两岸经济科技交流与合作基本主张是：和衷共济、互补互利、共同繁荣，振兴中华。现阶段应当把两岸经济交流与合作放在两岸关系的首要位置上，政治上的歧异不应当妨碍经济合作。

三、直接三通应当摆上议事日程。两岸经贸交往发展至今，直接三通更显得很有必要，应当摆上议事日程。从现实出发，并考虑到建立互信需要一个过程，可以先从货运的海上定点直航谈起，双方可以就这些问题商谈的准备程序交换意见。海协愿与海基会讨论"三通"中的一些具体问题。

四、关于两会共同筹开民间的经济交流会议（制度）的建议。海协与海基会共同筹开两岸民间的经济交流会议并形成相对稳定的制度。这个会议的宗旨为推动两岸经济、科技交流与合作；性质为得到授权的讨论实质问题的民间会议，有别于学术研讨会；形式可分为定期和不定期，定期每年一次，在两岸轮流举行，不定期每年若干次，由双方根据需要商定；地点在大陆或台湾；海协理事与海基会董监事可以参与会议；有关主管方面的官员可以民间名义参加会议，会上形成的意见和建议，可以由贵我两会进行商谈，并签署协议性文件。

五、台商在大陆投资和大陆经贸界人士访台问题。我们一贯重视保护台商在大陆投资的合法权益。大陆政治安定，投资环境包括法制环境基本上是好的，台商在大陆投资既有利又安全。当然，也难免存在一些问题，我们愿意听取台商、海基会以及台湾有关方面的建议，进一步研究更好地保护台商在大陆的投资权益的措施。希望台湾方面能本着互利互惠的原则，放宽台商来大陆投资的限制，放宽对进口大陆商品的限制，向大陆开放劳务市场，开放大陆企业界人士到台湾访问、考察和投资。

我们考虑了贵会提出的签署"台商投资权益保障备忘录（草案）"的建议，认为在目前台湾方面现行的经贸政策下签署这样一份"备忘录"是不适宜的，但这不影响贵我两会就台商在大陆投资问题交换意见。我建议将台资企业征收的补偿问题、台资企业的收益汇出问题、台资企业所需设备进口的问题，以及放宽台商来大陆投资问题，放宽对进口大陆商品的限制，向大陆开放劳务市场，开放大陆企业界人士赴台访问、考察和投资问题等同时作为"两岸经济交流会议"的议题，由两会组织台商及相关专业人士研讨，提出具体建议，供两岸有关方面考虑。并将这个建议写入贵我两会在商谈结束时发布的共识中。

六、两岸劳务合作问题。由于台湾方面迟迟没有开放大陆劳务人员去台，致使两岸无法建立正常的劳务合作渠道。我们认为，双方应尽快就有组织、有计划地开展两岸劳务合作问题交换意见。台湾方面可以先提出项目、人员数量、劳工素质、劳动期限和待遇等方面的要求，大陆方面可以提供台湾所需要的具备各种技术专长的劳务人员去台，并依合同规定，按期往返，不在台湾滞留。

我们建议可由海协与海基会，或两岸其他的团体，就远洋劳务合作问题进行协商。台方可提出合作海域、劳务数量、人员技术要求等合作条件，经双方协商，大陆方面将选派合格的船员，台方需保证船员的安全、必要的劳动条件及正当权益。

七、台湾参与开发浦东、三峡、图们江问题。我们欢迎台湾同胞参加浦东、三峡开发建设。有关项目都可采取大陆和台湾合作开发的方式。因图们江开发涉及到国际合作，两岸工商界可以共同组建公司，参与开发。

八、合作开发能源、资源的问题。能源、资源业是经济发展的重要基础产业，无论是基本建设还是技术改造，我们都欢迎台湾方面参与投资、合作开发，所获产品可经过协商后长期、稳定地向台湾提供。例如，煤矿的共同开采和长期、稳定地向台湾提供煤炭问题，黑色金属和某些有色金属矿的开采及其产品向台湾供应问题等。总之，我们愿意在台湾缺乏的资源、能源方面，与台湾进行长期稳定的合作，如台湾方面同意，可以原则上达成协议，由有关方面具体讨论。

（新华社发）

附三：

汪道涵提出关于海协与
海基会两会会务的具体问题

一、对加强两地联系与合作的主张。两会应当竭诚为两岸同胞服务，努力推动两岸交往，积极促进两岸经济、科技、文化交流；两会应当相互尊重、平等协商、实事求是、合情合理地处理两岸同胞交往中产生的具体问题，积极推进事务性商谈；两会应当尊重两岸一切致力于发展两岸关系的团体和人士的作用，共同推动两岸关系发展。

二、建立两会联系与会谈制度。在预备性磋商中，双方已就签署"两会联系与会谈事宜协议"交换了意见。我会建议，这个协议应包括两会负责人会谈、两会不同层级人士定期就会务问题交换意见、协商促进事务性商谈的开展、及时协商处理紧急性突发事件、各自成立专门小组磋商促进各项交流、处理交往中产生的具体问题等内容。其中高层会谈由海协会长与海基会董事长约期进行，海协副会长与海基会副董事长或两会秘书长每半年进行一次；业务会谈由两会副秘书长或部门主管每三个月进行一次。会谈及事务性商谈应在海峡两岸轮流进行。如有必要经双方商定，也不排除在第三地进行。海协会长与海基会董事长会谈地点也可另行商定。这个问题，邱进益与唐树备先生会谈时，又有些新的想法，还可以讨论。

三、两会各自组成专业小组。我们同意海基会提出的各自组成经济、科技、旅游三个专业小组和处理突发事件小组的建议。我会已将此项内容补充到《两会联系与会谈事宜协议》中，具体运作方式还可进一步讨论。我们认为，为了各小组深入讨论，并能够切实解决两岸交往中的专业性问题，这些小组应当全面掌握两岸交往中的相关业务情况，应当具有一定的专业业务知识和水平，并与有关业务主管部门保持经常性的联系，必要时应得到业务主管部门的授权。我会考虑由海协理事与海协工作人员分别组成经济、综合事务小组。这些理事都是各有关方面具有相当资历和代表性的人士。处理突发事件小组，建议两会各指定由一位副秘书长负责。

四、相互提供两会人员工作往来方便问题。相互提供两会人员工作往来方便的问题，是同两会负责人互访和在海峡两岸轮流进行工作会谈及事务性商谈联系在一起的。在海基会正式邀请我会负责人士入台访问，以及能够在台湾进行两会的工作会谈和事务性商谈以后，我们再根据实际状况进一步讨论相互提供方便的具体办法，并征得大陆有关主管部门批准后实施。

对两会秘书长以上负责人及经两会协议商定的事务性商谈人员互相提供适当的入境方便，由对方代为办理入境手续，并代持入境证件；对两会秘书长以上负责人及随行人员实行免验入关；对两会副秘书长及随行人员实行从宽验放入关；双方应至迟于一周前提出入境申请，确有特殊情况，申请期限另行商定。

两会其他人员往来应按正常途径办理入境手续。双方应尽可能提供方便。

五、继续推动海峡两岸事务性商谈。在预备性磋商中，唐树备先生与邱进益先生已达成共识，在"汪辜会谈"中正式宣布结束"违反有关规定进入对方地区之人员的遣返及相关问题"、"有关共同打击海上走私、抢劫等犯罪活动问题"、"协商两岸海上渔事纠纷之处理"等三项问题的程序性商谈，我完全同意，建议于今年内安排正式商谈。有关的具体安排，可以由两会的秘书长磋商。

六、两岸司法方面的联系与协作问题。在预备性磋商时，唐树备先生与邱进益先生就两会商谈两岸司法方面的联系与协作问题已达成原则共识。关于商谈议题的表述，我们考虑了贵会的意见，建议采用"两会代办有关法院之间的联系与协助"或"两岸有关法院相互委托办理民事诉讼事项"的提法。我会建议将上述议题列入贵我两会今年事务性商谈的议题，商谈的名义和内容可以由两会进行具体的讨论。

此外，我希望台湾方面放宽原籍台湾、现在大陆居住的台湾同胞回台湾探亲的限制；简化因台湾方面邀请赴台进行各项交流活动的入境手续。具体内容可由两会进行讨论。

（新华社发）

附四：

汪道涵提出关于两岸科技、文化交流的具体问题

一、两岸产业科技合作与交流，应做好以下三个方面工作：第一，积极开展各领域科技人员相互考察、访问，做好科技资料和科技出版物的正常交换。研究建立两岸科技专利等信息系统。第二，考虑到两岸在科技名词上的异同，需要探讨统一名称的办法，重视知识产权的保护和标准化统一的问题，研究交流合作规范的建立，做好基础性工作。第三，在双方都有兴趣的产业科技领域中，选择好合作项目，特别是重视科学园区的交流，促进两岸高科技产业合作的发展。具体项目有：（一）光电领域七个项目可作为首选合作项目：（1）光电元件及组件：液晶显示器、热效打印头（热感应印字头）、感光辊筒OPC（OPC DROM）、电荷藕合器（CCD）。（2）光电产品：传真机、激光打印机（镭射印表机）、光电医疗仪器、激光及激光加工机。（二）计算机领域，可考虑在计算机外部设备、智能计算机、高性能计算机、兴办计算技术研展中心等方面进行合作。（三）机械领域，可合作的有基础零部件、高速火车、数控机床、造船等。（四）通讯领域，有移动电话、电讯设备标准一致化。（五）航天领域。大陆高温陶瓷的商品化、温度控制技术等方面的合作前景广阔。（六）生物技术与医药领域，大陆中草药资源丰富，台湾的新药开发程度上略有规模，两岸在原料药、制剂药的合作上潜力很大。

二、两岸知识产权保护。大陆方面欢迎台湾同胞来大陆注册商标、申请

专利以及进行版权贸易和出版交流，依法保护台湾同胞的知识产权，为此还专门制定了一系列规范性规定，采取了包括行政、司法程序、代理制度在内的一整套保护手段和便利措施。据了解，大陆作者的著作权在台湾被侵犯的情况比较突出，台湾企业抢注或侵害大陆著名商标、专利的事件也屡有发生，大陆知识产权权利和版权、商标、专利代理机构至今不能直接入台交流和考察。我们十分乐见两岸知识产权界加强联系与合作，希望台湾方面为确保这种经济、文化交流，提供切实保障和便利。海协已得到授权，愿意与海基会就两岸知识产权保护问题进行商谈。

三、两岸青少年交流。我们认为，两岸青少年应该实行双向交流。一方面，我们热情地欢迎台湾青少年来大陆访问，除大、中学生及社会各界青年外，也应包括少年儿童。另一方面，也希望大陆青少年能有机会去台湾交流访问。两岸之间存在的政治问题不应对青少年的交流造成影响。对于两岸青少年交流的组织工作，我们建议，通过两岸民间适当的机构进行，贵我两会从中可发挥桥梁作用。

四、两岸新闻界交流。我对两岸新闻双向交流的初步实现表示高兴。我会同意在这次会谈中讨论两岸新闻界交流问题，并经大陆有关方面授权，提出如下意见：（1）台湾方面应尽快、尽量简化大陆记者赴台采访的申办手续。（2）台湾有关方面制作的有关大陆记者赴台采访证件，应取消大陆新闻界不宜接受的用语。我会建议对于大陆记者赴台采访，台湾有关方面可授权有关民间团体代为办理相关手续。（3）为促进两岸新闻从业人员相互交流、交往，本会拟于今年分别联系或组织大陆主要新闻机构负责人和资深记者团赴台湾参观访问；同时拟邀请台湾主要媒体负责人来大陆参观考察。希望两会能互相提供协助。

（新华社发）

台湾方面对汪会长提议将"三通"摆上议事日程一事十分紧张。邱进益在下午的记者会中立即提出声明。邱进益说，汪会长的谈话政治含意相当高，与此次会谈事务性的定位有若干出入；而有关"三通"和劳务合作的议题，也都有违预备性磋商的共识。

邱进益这段声明并未在会上向海协提出。但他说，在辜、汪两人第二次会谈时，台方会有所表示。

台北"行政院长"连战表态说，这次会谈，"三通"不在授权之内，不可能谈。"陆委会"主委黄昆辉也表示，对汪道涵所提"三通"问题，台北不会同意，这次会谈应依照两会在磋商时的确定议程进行。

民进党"立委"周伯伦在质询时，强调民进党"宣达团"团长施明德从新加坡来电，要求民进党"立委"代为询问，汪道涵已提出"三通"的谈判要求，"行政院"是否要将海基会人员召回？

连战答询表示，两岸经贸确实存在一种比较利益的问题，在地缘、语言、大陆所提供的优惠待遇方面，从台湾地区、海外地区及大陆投资比较，他相信一定时间内的大陆投资发展会是有限制的；另一方面，他还声称，对方在关系发展上，总是抱着政治的眼光和目的在安排一些措施。在对大陆投资贸易问题上，台北当局始终采取民间、间接方式，就是必须要防止所谓"以商逼政、以民逼官"的可能性。

"行政院陆委会"在晚上紧急发布新闻稿，正式评论汪道涵的谈话。说汪道涵的谈话"掺杂政治性议题、议题超出范围、忽视现存问题、将问题归责台方、对台湾的了解不够"。

以下为"陆委会"评论全文：

> 本会认为：汪道涵在谈话中提到海基会与海协会要本着"实事求是，平等协商"的精神，推动智慧财产权的保障、双方科技名词的统一，并进行打击海上走私、犯罪等事务性的协商方面，本会认为这也是本会一贯的看法，值得肯定。

不过，汪道涵的谈话中也有若干问题有待厘清：

一、掺杂政治性议题：

两会四月上旬在北平的磋商中已确定这是一次民间性、事务性、经济性、功能性的会谈，未将政治性的议题纳入，双方对政治的问题各有立场，且各自明白对方的看法，也了解政治性问题一时不易解决，在会谈中凸显政治性议题，既无益于事务性协商，也会妨碍会谈的气氛，但是汪道涵的谈话仍然掺杂有政治性问题。

二、议题超出范围：

两会在预备性磋商中，对辜汪会谈的议题均已敲定，因此应就有共识的议题研商细节。海协会却临时提出"三通"这种极端复杂的政治性议题，又要求我方放宽台商赴大陆投资的限制、向大陆开放劳务市场、放宽对进口大陆商品的限制等问题。本会认为会谈双方应严守原先之协议，不宜节外生枝，以免妨碍了原定议题的解决。

三、忽视现存的问题：

汪道涵的谈话中对促进交流着墨甚多，本会对此用心可以肯定，但却看不出对现存问题提出任何解决的方法；而这些问题一日不解决，必然会横梗在交流中，造成问题。我们认为，扩大交流面的基础在于解决现存的问题。

四、将问题归责台方：

双方交流中所衍生的问题很多，两会应本着诚意与善意协商解决，但在汪道涵的谈话中，却将所有责任推给我方，例如青少年交流，我方并未限制其少年儿童来访，而大陆对大学生来访限制甚多；又如对大陆记者来访，海协会只重视手续之快慢，但却要自我限制记者之身分，如新闻机构之一"负责人"和"资深"记者才能来台参观访问等，殊不合理，尤其与台湾地区新闻界之运作格格不入，又如对仿冒问题，只提到我仿冒情况，却避而不谈大陆地区侵犯台湾智慧财产权的泛滥与严重的情形。

五、对台湾了解不够

汪道涵的谈话中显示其若干想法或做法脱离台湾地区的现实，如前述限制只有"资深"的记者才能来访，此外中共很笃定台湾地区今后经济的发展一定要依靠大陆，这种论断也不尽符实情；实则过去四十多年台湾经济发展的成就，是在没有大陆之下所达成的。至于认为台湾可放心依赖大陆的能源等问题，判断亦值商榷。汪道涵的谈话中认为中共之经济成就"举世公认"，并自称大陆上"政治安定"，对于这些说法本会只希望能落实在改善民生、摒除对台湾地区的敌对状态，并加强对在大陆台商的保障上才有意义。

尽管"陆委会"反弹强烈，但台湾舆论却自有评价。台湾报纸在报道此事时认为，中共的做法显示了谈判手段高明。

台报认为，汪道涵在第一天会谈中发表了"三通"论，还提出了具体的经济合作计划。台方代表没有心理准备，被迫面临一个崭新的局面，被迫匆促临战突来的攻势。对于为何提出"三通"问题，海协的解释是："三通"是"经济性"的，即使在面对海基会的抗议时，他们也如此解释。台湾报纸认为，不能否认的是，中共的说法不完全算是强词夺理，有其自圆其说之处。

台报还认为，中共自然知道台湾方面不会接受，他们提出的目的也不是要台湾现在就接受。最重要的目的是主动深化两岸谈判的议题，掌握主动，同时也作为签署台商投资保障协定的交换条件。在这一意义上，中共达到了目标。两岸目前都希望会谈能维持良好友善的气氛，不希望因为局部的歧见造成僵局，因此辜汪会谈的结局也就无可避免是为北京邱、唐会谈划上圆满的句点，同时双方同意把目前的歧见顺延到下次的会议再谈。下次谈的是什么呢？当然谈的也就是"经济性"的事务，也就是中共名为"经济合作"，实为"三通"的事务。

此外，台湾舆论还评论说，唐树备曾在记者会中说，台商在大陆投资是台商与中共政府之间的事，与海基会没有关系。这一说法表面上与会谈的良好气氛格格不入，其实冷静观察判断，这正是中共内心真正的看法与认定。中共认为今天已不再是大陆需要台商的资金，而是台商需要大陆的市场。台湾如果还有人认为台湾拥有经济筹码，实在是一厢情愿；相反地，台湾经济如果还要持续成长，就必须走向大陆市场，筹码是在中共那边。

27日下午，会谈由唐树备与邱进益举行第二次会议，就会谈内容和将签订的有关协议作最后的预备性磋商。汪、辜两位则各偕夫人品茗叙谈。

3时许，汪道涵和夫人孙维聪，来到新加坡典雅的松林俱乐部与辜振甫和夫人严倬云品茗叙谈。汪道涵与辜振甫以前曾在旧金山和大阪见过两次面，这次故友重逢，亲切地谈起了中国农业问题和京剧艺术。汪夫人与辜夫人是初次见面，但她们都从事教育工作，谈得也非常投缘。茶会结束前，汪夫人和辜夫人互赠双面绣和台湾琉璃艺术品留念。

汪道涵会长晚上宴请了辜振甫董事长及台湾海基会参加"汪辜会谈"的全体人员。宴会上，汪道涵将一套名贵紫砂茶具和10盒《京剧大全》录像带赠送给酷爱京剧的辜振甫。辜振甫回赠了玻璃艺术品。

这边厢叙旧融洽，那边厢唐、邱二人的磋商却出现波折。双方经过一个下午的讨论协商，议定了两岸第三份协议《两会联系与会谈制度协议》。但在有关会谈"共同文件"的名称及经济议题方面，台方提出的台商投资保障和大陆方面提出大陆经贸人士赴台交流等问题上，双方却因为分歧颇大，一时无法达成共识。直至28日凌晨，两会人员仍在电话联系，试图化解歧见。

对于"共同文件"的名称，海基会主张定名"备忘录"，但海协认为备忘录常用于外交文件中，故不适合用于两岸会谈协议。海协另提出以"议定书"作为文件名称，海基会不敢做主是否接受，乃连夜向台北"陆委会"请示意见。

此外，共同文件的内容及基本框架已经确定，27日一天经过讨论又对许多方面作了充实。两会都强调，应加强两岸经济交流，互补互利；同意就加强能源、资源的开发和交流进行磋商；同意写入年内举办青少年的才艺竞赛和互访；进行新闻媒介资深记者和科技人员的互访；交换科技出版物，促进科技文字的统一和标准化；并确定共同促进电脑业和产业科技方面的交流。会谈还确定今年内就五项议题进行事务性协商，这些议题包括关于知识产权问题和两岸法院之间的联系与协助问题等；同时，原则同意加强两岸工商界人士的互访；原则同意以今年内为目标，筹备召开两岸经济交流会议。

由于至28日凌晨双方仍未就分歧达成一致，28日上午的汪辜第二轮会谈仅进行了简短的5分钟左右的碰面。汪道涵和辜振甫首先交换了意见。他们说，两会会谈迄今已取得了很大的进步。但两岸隔绝四十多年，对许多问题的讨论是需要时间的。这次会谈能解决分歧当然好，如有分歧一时不能解决，完全可以本着求同存异的精神，从长计议。双方决定将原定于28日结束的"汪辜会谈"推迟一天，延至29日上午结束。以便双方幕僚人员能进一步就存在的分歧讨论磋商，取得较好成果。

而就在这5分钟之间，两位老人经简短交换意见，确定了一直未定的会谈共同文件的名称：不妨就称之为"汪辜会谈共同协议"吧。这个名称取得两岸官方的同意后正式定名，这个过程真可套用一句老话来形容：踏破铁鞋无觅处，得来全不费功夫。

汪、辜二人结束简短碰面后，各自展开在新加坡的社交活动。汪道涵前往新加坡中华总商会访问。他在抵达新加坡中华总商会大厦时，受到商会名誉会长连瀛洲、孙炳炎、会长郭令裕的热烈欢迎。双方就中新贸易和经济合作等问题亲切交换了意见。

会见后，郭令裕会长表示，对在新加坡举行两岸首次"汪辜会谈"非常高兴。他相信，两岸关系的发展将有利于新加坡工商界与两岸的经济合作和交流。随后，汪道涵拜会了新加坡前副总理吴庆端，双方进行了亲切友好的交谈。

辜振甫也先后拜会了新加坡副总理王鼎昌和新加坡中华总商会。

另一边，唐树备和邱进益留在会场继续围绕着会谈预定发表的共同文件进行了认真、坦率的讨论，共同确定这个文件定名为《汪辜会谈共同协议》，于29日上午10时正式签署。

当天的讨论结束后，唐树备向中外记者介绍了《汪辜会谈共同协议》的基本内容。他说，协议的大多数内容已经确定下了，但会谈中还有些问题需要作最后的推敲。关于经济交流合作问题，经过充分的讨论已经达成两项共识，即两岸经济应加强交流，互补互利；有关台商投资保障、大陆经贸界人士访台和筹开民间经济交流会议问题，决定择期择地进一步深化讨论，以最后解决存在的分歧。

会谈终于取得成果，会谈双方均感满意。汪道涵认为，这是两岸关系发展中重要的一步。辜振甫称这是"历史性的一步"。

1993年4月29日，高耸的新加坡海皇大厦又一次成为海内外舆论关注的焦点。

"汪辜会谈"今天在此进行最后一项议程，双方正式签署四项协议：《汪辜会谈共同协议》、《两会联系与会谈制度协议》以及《两岸公证书使用查证协议》、《两岸挂号函件查询、补偿事宜协议》。对于《共同协议》中昨天下午遗留的一些问题，昨晚双方经过沟通已获解决，并连夜将协议文本赶制出来。

上午八时许，来自海峡两岸及世界各主要新闻媒体的记者便陆续聚集到海皇大厦门前。

新加坡警方特别加强警戒。进入签字会场的每一位记者及携带器物均须经过安全检测。

签字仪式安排在大厦四层前两天正式会谈的场所。会场经过精心布置，显得庄重、典雅。签字大厅里，一簇盛开的胡姬花摆在签字桌的正中，粉蕊紫瓣的花朵在墨绿色台面的映衬下透着典雅与雍容，缀满台前的丹仙花、九重葛等热带花卉则洋溢着喜气。李光耀资政的新闻官傅超贤说："海皇大厦自

1983年落成以来，'汪辜会谈'是在这里举行过的最重要的会议。"

清晨，中外记者很早就在将举行签字仪式的新加坡海皇大厦门前排起长队，等候入场。签字时间逐渐临近，沿隔离栏杆围聚成半月形的记者们，不时地盯着会场门框上方的时钟。

10点40分，汪道涵和夫人孙维聪，辜振甫和夫人严倬云，以及双方会谈的代表相继进入签字大厅。

连日来一直身着浅色服装的汪道涵和辜振甫，今天都换上了深色西服。

记者们注意到，签字仪式比预定时间推迟了大约40分钟。事后，汪道涵告诉记者，"我与辜先生都愿意利用有限的时间增进彼此的友情。"

处于临战状态的记者们顿时活跃起来。手持"大哥大"的电台记者开始现场口播，多家电视台记者也在进行现场直播，他们早已在大厦门前安置好了设备。

汪、辜二位先生走到签字台前互相致意并坐下。两位先生的夫人及海协与海基会出席签字仪式的人员依序分排站定。

签字开始。汪、辜两位先生在助签小姐的协助下郑重地逐一署上自己的姓名。在签署前两项协议后，双方互换位置继续签署后两项协议。他们各自使用自己带来的签字笔，而没有用海皇大厦预先准备的"皮尔·鲍曼"名牌签字笔。

10时50分，四份协议书签署完毕。海峡两岸关系协会会长汪道涵和台湾海峡交流基金会董事长辜振甫慢慢站起身来，互相交换已经签署的《汪辜会谈共同协议》等四份协议文本。也交换了各自的签字笔。

签字大厅里静悄悄的，只有记者们照相时的"咔嚓"声。

两位古稀老人的手紧紧握在一起。他们没有说话，但无声胜有声。

接着，汪道涵、辜振甫和两会代表举起香槟酒，共同祝贺会谈的圆满成功。

签字仪式结束后，有台湾记者问汪道涵："您对会谈中出现的分歧有何解释？"

汪道涵爽朗地笑着说："今天签署协议，并不是说明到此为止。恰恰相反，这表明我们还须从此开始。"

今天签署的四项协议包括，《汪辜会谈共同协议》、《两会联系与会谈制度协议》、《两岸公证书使用查证协议》和《两岸挂号函件查询、补偿事宜协议》。协议自双方签署之日起三十日后生效。

签字仪式结束后，汪道涵和辜振甫分别举行了记者会。他们都对新加坡政府以及各界人士给予的大力支持和帮助表示感谢，对关切和支持这次会谈的各方面人士以及参加会谈报道的中外记者深表谢意。

汪道涵说，我们很高兴和台湾海基会董事长辜振甫先生举行会谈并签署了四项正式文件。我们认为，这些文件符合两岸人民的利益，是本着互补互利、共同发展的目标而商定的，双方扬长补短，取得了共同利益，会谈也取得了重要成果。

在回答记者有关对会谈成果的评价时，汪道涵说，这次会谈是两岸迈出的历史性的重要的一大步。两岸人民之间和两会的联系虽然早已开始，但两会正式会谈还是第一次。走出了这一步，对推动两岸继续接触，两岸关系继续发展将起重要作用。

在辜振甫召开的记者会上，辜先生也对会谈予以高度评价。他说，"今天上午签署的四项协议，为两岸民间交流掀开了新的一页"。他对会谈圆满结束，由衷地表示欣慰。他认为，这次会谈跨出了历史性的一步。大陆与台湾隔绝了40多年，两岸制度、发展方向、思考取向、生活方式都不一样，需要消除彼此的隔阂和差距。这次会谈，为未来两岸关系的发展打下一个良好的基础。他表示，《两会联系与会谈制度协议》搭起两岸沟通的桥梁，对发展两岸关系和两岸交流秩序化将是一座里程碑。

附一：《汪辜会谈共同协议》主要内容

协议明确，本次会谈为民间性、经济性、事务性与功能性的会谈，海协常务副会长唐树备、副会长兼秘书长邹哲开与海基会副董事长邱进益等参加了会谈。

协议主要内容包括五个方面：

一、关于本年底协商议题，双方确定今年内就"违反有关规定进入对方地区人员之遣返及相关问题"、"有关共同打击海上走私、抢劫等犯罪活动问题"、"协商两岸海上渔事纠纷之处理"、"两岸知识产权保护"及"两岸有关法院之间的联系与协助（暂定）"等议题进行事务性协商。

二、关于经济交流，双方均认为应加强两岸经济交流，互补互利。双方同意就台商在大陆投资权益及相关问题、两岸工商界人士互访等问题择时择地继续进行商谈。

三、关于能源资源开发与交流，双方同意就加强能源、资源的开发与交流进行磋商。

四、关于文教科技交流，双方同意积极促进青少年互访交流、两岸新闻界交流以及科技交流。在年内举办青少年才艺竞赛及互访，促进青年交流、新闻媒体负责人及资深记者互访。促进科技人员互访、交换科技研究出版物以及探讨科技名词统一与产品规格标准化问题，共同促进电脑及其他产业科技的交流，相关事宜再行商谈。

五、协议自双方签署之日起30日后生效实施。

（新华社发）

附二："汪辜会谈"签署的三项协议主要内容

这三个协议都自双方签署之日起30日后生效实施。

《两会联系与会谈制度协议》主要内容包括会谈，事务协商，专业小组，紧急联系，入出境往来便利，协议履行、变更与终止，未尽事宜，签署生效等八个方面。协议明确，海协会长与海基会董事长，视实际需要，经双方同意后，就两会会务进行会谈，地点及相关问题另行商定。海协常务副会长与海基会副董事长或两会秘书长，原则上每半年在两岸轮流和商定的第三地就两会会务进行一次会谈。两会副秘书长、处长、主任级人员，就主管业务每季度在两岸择地会商。双方还同意，各自成立经济小组与综合事务小组，并指定副秘书长作为紧急事件的联络人，相互联系并采取适当措施。此外，双方会务人员因会务联系进入对方地区时，互相给予出入境往来与查验通关等便利。

《两岸公证书使用查证协议》包括联系主体，寄送公证书副本，公证书查证，文书格式，其他文书，协议履行、变更与终止，争议解决，未尽事宜，签署生效等九个方面的内容。

双方同意相互寄送涉及继承、收养、婚姻、出生、死亡、委托、学历、定居、扶养亲属及财产权利证明公证书副本，以便使用者核对。双方同意对公证形式或实质内容有疑问的，相互协助查证。关于寄送公证书副本及查证事宜，由中国公证员协会或有关省、自治区、直辖市公证员协会与台湾海峡交流基金会相互联系。关于公证书以及其他文书查证事宜，由海峡两岸关系协会与台湾海峡交流基金会联系。

《两岸挂号函件查询、补偿事宜协议》包括开办范围、联系方式、传递方法、查询期限、答复期限、缮发验单、各自理赔、文件格式、协议履行、变更与终止、争议解决、未尽事宜、生效实施等十二个方面的内容。

　　协议规定了两岸相互开办挂号函件业务的范围，如信函、明信片、邮简、印刷物、新闻纸、杂志及盲人文件等。挂号函件发生遗失、被窃或毁损等情形后，查询的联系方式，由中国通讯学会邮政专业委员会与台湾海峡交流基金会或其指定的邮件处理中心相互联系。赔偿方式为各自理赔，概由原寄一方邮政负责补偿，不相互结算。

（新华社发）

两岸关系揭开新篇章

海内外瞩目的"汪辜会谈"在正式签署四份协议文件的掌声中落幕。这标志着两岸关系向前跨出了历史性的重要的一大步。

会谈结束之后,各方评论接踵而来。大概可称为佳评如潮,充分肯定。但无可否认,在一片叫好声中也不免存在杂音。此外还存在着一些善意的"检讨"。

4月30日,会谈结束的第二天,海基会董事长辜振甫和夫人及参加会谈的全体海基会人员乘飞机离开新加坡回台北。离新之前,辜振甫拜会了新加坡总理吴作栋。吴作栋总理对这次"汪辜会谈"取得圆满成功表示祝贺。他建议辜振甫和其他台湾人士早日到大陆去看一看。

李登辉5月4日在会见美欧地区华人新闻传播界人士时,评价会谈"是成功的",但又说会谈"显示了两岸'对等'事实"。李登辉说,"统一是我们的目标,在这之前,中共应承认中华民国在台湾发展的历史事实,并且不应阻碍我在国际发展的空间,不以武力犯台,以对等的政治实体对我"。

李登辉说,这是台湾当局在两岸关系发展中,最基本的要求。他并以"辜汪会谈"为例说,虽然外界有许多不同的看法,但,"本人认为这次会谈是成功的,而且由签署文件的方式,礼仪的安排,都显示了我们和中共的对等地位已是个不容否认的事实"。

4月30日晚，台湾"行政院长"连战就"汪辜会谈"发表谈话说："这可以说是一项令人满意的成就。"

这位台湾当局行政最高官员评价说，这次会谈所达成的协议以及两会将再继续讨论的各项议题，都是属于民间性、事务性及功能性的范畴。接着，连战肯定了辜振甫夫妇及海基会同仁的努力和辛劳，认为他们"能谨守授权范围"，"坚守立场，戮力折冲，不负国人所托"。但连战对这次会谈未能就海基会所提出的有关"保障台商投资问题"达成协议，"表示遗憾"。他最后说，"海峡两岸尽管在意识形态上存有差距，惟两岸都应确切了解双方不可能、也不应该长期隔绝和长期对抗，这次会谈已经建立两岸制度化互动的管道，希望大陆方面体认，惟有在诚意善意的交会之下，中国统一的进程才可能有发展，也才会有意义"。

海协会长汪道涵于会谈结束后仍在新加坡作短暂逗留。4月30日上午，汪道涵前往新加坡总理办公室拜会吴作栋。

吴作栋首先对"汪辜会谈"取得成功表示高兴和祝贺，并希望两岸加强高层人士的交流。

吴作栋总理28日下午刚刚结束在中国的10天正式访问后回到新加坡。他说，这次访问给他留下了深刻印象，与1990年他前往访问时相比，中国经济又取得了很快发展。他表示，一个经济繁荣的中国对亚洲、对世界都有利，希望中国能保持比较稳定和高速度的发展。

汪道涵对吴作栋总理和新加坡政府为"汪辜会谈"提供各种便利和设施表示感谢。汪道涵说，这次会谈取得了重要成果，但也还存在一些分歧意见，我们可以带回去研究。我们还有第二次、第三次会面，相信分歧是能逐步克服的。

5月20日下午，汪道涵和他的夫人返抵北京。同机抵京的还有海协常务副会长唐树备、副会长兼秘书长邹哲开等。

全国政协副主席、中共中央台湾工作办公室主任王兆国，中台办副主任孙晓郁，海协顾问、全国台联会会长张克辉，海协副会长经叔平到机场迎接汪道涵一行。

王兆国在机场发表谈话说："汪道涵会长与台湾海基会董事长辜振甫先生在新加坡的会谈取得了圆满的成功。我们热情欢迎汪会长一行返回北京，并对汪会长此行富有成效的工作表示亲切的慰问。"他说："这是两岸民间团体高层领导人的第一次会谈，迈出两岸关系历史性的重要的一步，意义重大，对两岸关系的发展乃至中国统一事业都将产生积极的影响。"

王兆国还说，这次"汪辜会谈"是海峡两岸授权的民间团体的最高负责人之间首次进行的民间性、经济性、事务性、功能性的会谈。会谈中，双方本着相互尊重、平等协商、实事求是、求同存异的精神，经过共同努力，排除了某些干扰，在许多方面达成了共识，并签署了《汪辜会谈共同协议》、《两岸公证书使用查证协议》、《两岸挂号函件查询、补偿事宜协议》和《两会联系与会谈事宜协议》等四个文件，取得了双方均感满意的结果，对此我们感到高兴，并对促成这次会谈的海内外各方人士表示衷心的感谢。

王兆国还说，从这次会谈的成果中可以看到，具有五千年灿烂文化的中华民族，有很强的凝聚力和国家认同感，也说明海峡两岸的中国人，能够充分运用自己的智慧和创造力，处理好属于中国内部的事务，推进祖国和平统一大业的进程。

"汪辜会谈"开了一个好头。我相信，海峡两岸关系协会和海峡交流基金会，海峡两岸的同胞，都会十分爱护这一成果，珍惜来之不易的两岸关系发展的好势头。我们希望，两岸双方继续努力，以中华民族的整体利益为重，进一步加强沟通接触，消除障碍，增进互信，发展两岸经贸合作和各项交流，为祖国的和平统一创造更多更好的条件。

汪道涵在机场接受两岸记者的采访时说："这次会谈显示两岸关系前进了一大步，既是过去工作的接续，也是阶段性的成果。有了第一步，就可以继续努力推动两岸关系迈出第二步、第三步。两岸有共同目标，就是达成中国的和平统一。只要坐下来谈，寻找共同点，一次不能解决的问题，可以继续商谈，逐步找到解决的办法。对此，我的看法是乐观的。"汪道涵还表示，会谈已签订了四个协议，今年内海协将积极推动协议内容的贯彻实施，促进两岸各项交流的展开，积极准备在今年召开两岸经济交流会议。

当台湾记者询问汪会长对辜振甫的评价时，汪会长笑道："辜先生是个有经验的企业家、经济专家。"

5月6日，中共中央总书记江泽民在会见台湾15家民营银行的负责人访京团时，对"汪辜会谈"作出高度评价。江泽民说："会谈是成功的，有成果的，标志着海峡两岸关系迈出了历史性的重要一步。"

除了两岸高层的评价外，在海峡两岸及港澳、海外，舆论纷纷对会谈作出评价。

《人民日报》海外版5月1日发表文章评《汪辜会谈与两岸关系发展》：

备受两岸同胞和海内外人士瞩目的"汪辜会谈"，于4月27日至29日在新加坡举行，并取得积极成果。

会谈双方为海峡两岸关系协会会长汪道涵和台湾海峡交流基金会董事长辜振甫。这是海峡两岸两个授权的民间团体最高负责人的首次会谈，也是40多年来两岸高层次负责人的一次接触，它表明海峡两岸关系又迈出了重要的一步、历史性的一步。

为期3天的"汪辜会谈"，取得了积极成果。双方本着相互尊重、平等协商、实事求是、求同存异的原则，就两会的会务、两岸经济交流和科技文化交流等问题认真地、坦率地交换了意见。双方在对所讨论问题基本取得共识的基础上，共同签署了四项协议。当然，双方在会谈中并未就所谈的问题全部达成共识，在个别问题上还存在不同程度的分歧。关于这点在《汪辜会谈共同协议》中也有所表述。如协议的第二条，有关经济交流问题，由于双方对台商在大陆投资保障等问题未形成一致意见，于是双方商定"择时择地继续进行商谈"。这是一种很务实的态度。两岸隔绝多年，在许多方面差距较大，不可能在两三天的会谈中完全消除，那么，将暂时有分歧的问题保留下来，待日后继续磋商，这是很正常的，也是具有积极意义的，因毕竟通过这一段的会谈，双方加深了了解，为寻找解决问题的办法打下了基础。从这个意义上讲，这也是会谈取得的成果。

"汪辜会谈"虽然是民间性、经济性、事务性与功能性的会谈，但其意义非同寻常。汪先生的评价是，这是两岸关系发展中重要的一大步，是两岸关系发展的重要阶段。辜先生的评价是，这是历史性的一步。这次会谈建立了两会联系与会谈制度，这是两会与两岸关系在未来发展中走向秩序化的里程碑。外电的评述，"汪辜会谈"所取得的进展确实使两岸的沟通跨出一大步。

"汪辜会谈"的另一个重要意义则是在所签署的协议中无法表达出来的，那就是双方40多年来第一次心平气和地坐下来谈。这是会谈取得成功的前提，也是两岸关系的一个良好开端。"只要坐下来谈，一切都好商量。"汪先生多次这样说过。近年来中共也一再提出，海峡两岸双方应尽早接触，就正式结束敌对状态，逐步实现祖国和平统一进行谈判。如果台湾当局能以此次会谈为转机，早日做出回应，那无疑是两岸同胞所期待的。

目前，国际形势趋于缓和，国家的统一是大势所趋，人心所向，这是不可阻挡的潮流。因此，汪道涵会长在抵达新加坡时发表的书面讲话中的一番话可谓意味深长："为了中华民族包括2000万台湾同胞的根本利益，两岸同胞应更具前瞻性地去面对未来，把握住国际发展的趋势所赋予我们中国人的历史机遇，以宽阔的胸怀向前看，加强合作，携手努力，共同振兴中华。"

路，就在脚下，虽然漫长坎坷，但只要我们一步步坚实地走下去，那么，祖国统一、中华民族庆团圆的日子就一定会到来。

新华社综述了台湾各界的反映：

　　连日来，台湾各界人士和社会舆论对日前在新加坡结束的两岸首次授权的民间交流机构领导人的会谈——"汪辜会谈"给予高度重视和热烈的评论，对会谈所取得的成果表示欢迎，并肯定会谈的意义。他们中的不少人认为，这次会谈具有历史性意义，是两岸民间交流迈向制度化的里程碑，为两岸协商对话的模式莫定了良好的基础。

　　国民党发言人、文工会主任祝基滢在会谈结束当天发表评论说，"会谈的主要目的是为解决两岸民间往来所衍生的问题，虽然一次会谈并不能解决所有的问题，但有了第一次后，相信未来的接触可以逐步解决更多的问题。"台湾"行政院大陆委员会"主委黄昆辉说，"会谈完全达成预期目标，是两岸民间交流迈向制度化的里程碑。"虽然黄昆辉仍表示会谈不意味着台湾当局大陆政策的步伐加快，但他又说，"会谈的积极意义是通过会谈强化解决问题的能力，逐步建立两岸人民的互信，促成有尊严、有秩序的交流，将是两岸关系迈向中程阶段的基础。"

　　"立法院"内，国民党籍的"立委"对会谈成果大多数予以肯定。不少人认为，"对未来两岸交流有正面意义"，会谈是两岸隔绝四十多年后的首次较为正式的接触，能谈就是开始，今后两岸必然有更多层面的会谈，产生一种双方可以互利，此次谈不成但下次可以逐渐达成协议的预期心理，更有助于促成以经贸打头阵，其他层面陆续推展，逐步完成中国统一的远程目标。还有人认为，会谈可能带来政治效应，使"三通"等问题在岛内出现紧迫感。"民进党"籍"立委"曾派人前往新加坡干扰会谈，但也有不少人对会谈的结果表示肯定。他们承认，会谈是两岸正式对话的起步，是两岸关系解冻的开始。

台湾工商界对会谈结果表示欢迎，一些人士表示，会谈虽未签订台商投资保障协定，但实际上今后海峡两岸若就一些实际的经济互补问题进行商谈，要比谈投资保障协定来得实际。台湾工业总会理事长许胜发说，"工商界对会谈给予正面肯定。会谈为两岸间交流跨出历史性的一步，对于今后两岸关系的发展将有密切的关系。"

台湾各大报4月30日均发表评论，评估"汪辜会谈"的整体成果及意义、得失。国民党《中央日报》连续7天发表展望"汪辜会谈"的系列评论。30日的社论说，备受国人关注及世人瞩目的会谈在签署了《汪辜会谈共同协议》等4个协议后告一段落，这项具有历史意义的成果，对两岸民众往来相关权益均可提供保障，同时启开海协人员进入台湾的管道，有助于两岸防制犯罪，扩大交流，增进彼此的了解。因此，这次会谈可谓获得很好的效果。社论还说，"加强两岸经济的交流与合作，不但是一项互利互惠的措施，更能有助于消除两岸四十年来所存在的敌意，此次'汪辜会谈'只是启开合作的起点。"

《联合报》的社论总结了会谈"有益于未来两岸关系良性发展"的几个意义：其一，会谈始终在理性、沉稳、有节制的情形下进行，这种方式与过程，已为今后两岸两会的联系及会谈制度树立一个可资依循的模式。其二，会谈的整体气氛颇能符合对等、善意与互重的原则。其三，为今后两岸间逐步协调与处理有关的经贸交流事务，提供了一个具有发展性、前瞻性的范例。设定了一个实事求是的主调，有利于两岸良性互动的开展。社论最后建议台湾"陆委会、经济部、经建会"在会谈结束后，对于两岸经贸交流的前瞻性策略重作检讨和规划。

《中国时报》题为《迎接两岸以对话解决争议的新时代》的社论认为，会谈达成显著的成就，"实已为两岸协商对话模式奠定了良好的基础，是历经近半个世纪以来两岸关系从对峙走向和平的一个重大发展关键。"涉及两岸交流文件的签订，为两岸化解歧见，促进交流合作提供了一个典型的经验，值得重视和珍惜。同时说明两岸对于解决所衍生的问题，以及推动有利于双方的民间交流项目均有相当的诚意和决心。社论还认为，虽然有关经济事务因政治歧见未能在会谈中达成一致，但双方在共同协议中已明言，将就台商投资权益与两岸工商界人士互访等相关事宜择地继续商谈，这是双方本着求同存异，逐步寻求解决问题的良好愿望，为未来最终解决问题留下一个善意的基础。

台湾《新生报》高度评价了会谈的意义。其社论说，"'辜汪会谈'为两岸互动关系建立了一套可以接受的成功模式，不失为促进中国和平统一好的开始。"社论还说，"'辜汪会谈'是一项很严肃、很具挑战性的历史性会议，在会谈之前、会谈之中乃至会谈后都带来很大震撼，其意义之重大殊为罕见。"

港澳舆论评"汪辜会谈"成果：求同存异互让双赢。

香港《成报》题为《汪辜会谈成果可喜》的社评说，经过44年的隔阂，两岸能首次以民间协会方式接触来解决问题，已经是难能可贵。从会谈过程及达成的四项协议看，基本上符合会谈双方同意的民间性、经济性、事务性、功能性原则。社评还说，"国共两党的共同语言是一个中国，只要坚持一个中国，中国就只有统一而不会分裂，这是中华民族之大幸。"

《明报》的社评认为，会谈成功的更重要因素在于双方决策人士的诚意，而这种诚意是由各自的整体利益和两岸的共同利益产生的。两岸虽然现阶段尚未重建"三通"，却向来共有"三同"：同一个民族、同一个文化、同一个国家。这次会谈可说是万里长征第一步，下一阶段如何推动两岸关系的发展，如何安排更复杂的谈判，还需要表现出更大的诚意和更深的智慧，发展更多的共同利益，培养更强的情谊和共识。

《星岛日报》的社论说，"汪辜会谈"在相当和好与顺利的情况下成功结束，其特点是双方均能坚守求同存异的原则，以及互忍互让的精神，终于达致"双赢"的成果。今后两岸谈判如能坚持这次会谈的原则和方式，相信必有助于中国的早日统一。

《大公报》的社评说，"汪辜会谈"能就许多涉及两岸民间交往的问题达成共识，首先应归于双方具有的真诚愿望与务实精神。有了对中华民族根本利益的共同认识，会谈中双方便能相互尊重、平等协商、实事求是、求同存异。尽管仍有歧见，会谈还是达到了预期的目标，取得了多项成果。社评认为，"汪辜会谈"将使两岸关系的发展进入一个新阶段并推动祖国和平统一大业。

《澳门日报》的评论说，"汪辜会谈"签署的文件都是两岸利益所在，明确了今后合作、协商的大前提与途径。会谈体现了"双赢"，是"两岸都认同的'一个中国'的理念赢了，两岸要求发展关系、扩大交流合作的主张赢了"。会谈成功受到了全世界的炎黄子孙的欢呼，将为中国的和平统一创造有利条件。

澳门《大众报》的短评说，会谈成果"标志着两岸人民的交往和接触进入了一个新的阶段"，是值得海峡两岸广大炎黄子孙鼓舞和赞赏的重大事件。

不仅是中国人关心汪辜会谈，并给予好评，不少国家的新闻媒介也发表评论认为，汪辜会谈是划时代的事件。合众国际社4月27日报道说，来自中国海峡两岸的代表开始进行自1949年以来两党间的最高级别的会谈。这次会谈实际上是两个声称代表中国的政府之间关系的里程碑。尽管双方对这一划时代的会谈采取了低调处理的态度，但此次会谈有可能引起双方关系解冻的希望增大了。

日本时事社27日述评说，台湾的对大陆投资过去两年间达到了大约60亿美元，两岸间的民间谈判达到了不只限于台湾历来的"三不政策"的范围的规模。27日在新加坡开始的第一次民间首脑会议，就是在这种状况下举行的。

意大利报纸27日突出报道了汪辜会谈。认为这是"44年来的首次"，是"亚洲平衡的历史性转折"。

澳大利亚《悉尼先驱晨报》说，"当来自中国（大陆）和台湾的官员今天一起在新加坡坐下来的时候，这将成为意义异乎寻常的重大事件，不仅对主角是如此，对包括澳大利亚在内的所有太平洋圈贸易国家来说也是如此。"

经济上还在振兴的中国（大陆）和腰缠万贯的台湾在几代恩仇、有时还爆发武装冲突之后，其冷战关系的历史性解冻速度有可能正在加快。汪辜会谈无疑是沿着逐步缓和两岸紧张关系的道路迈出的一步。这次会谈大概还等于双方都认识到，建立一种更为接近的工作关系对它们的利益更大，但不是说它们之间多年的相互猜疑有可能很快得到消除。

会谈意义很重大，但更重大的是它的象征性意义。汪与辜在这个时候在新加坡这样一个地方举行如此引人注目的会谈，无疑会向亚太地区发出一个有力的信号："目前还在认真努力消除'中国人家庭'的分歧。"

英国《金融时报》说，"会谈是它们的柏林墙上的第一道裂缝，会谈有可能朝着消除中国（大陆）和台湾长达40多年仇恨的方向迈出试探性的最初几步。新加坡的会谈是一个进程的开端"。

路透社说，两岸"具有开辟新天地意义的会谈，有助于缓和双方长达40年的敌意，并为举行一系列旨在扩大关系的高级别谈判铺平道路。但这次会谈还暴露出双方在如何发展关系方面存在深刻分歧，这表明双方未来关系的发展速度，将会由于相互猜疑和台湾害怕为大邻居所主宰而放慢"。

日本共同社认为，"首次举行的大陆台湾民间高级会谈，就扩大经济交流等问题签署了作为今后双方关系准则的协议事项。这件事继中韩建交之后，是为消除远东的冷战结构而采取的划时代步骤。然而，在协议事项背后，双方在有着扩大经济交流等共同利益的同时，对未来前景的展望也有重大分歧，要看今后怎样发展。不可否认，大陆台湾可能采取对日共同路线，这对日本必将产生直接或间接的影响"。

另外，除各方评论之外，此次会谈，两岸双方主谈的两对主角—汪道涵与辜振甫、唐树备与邱进益，在会谈结束之后，对这次会谈也各有评价。他们的评价都是通过两岸与新闻界的采访而透露出来的，谨收集于此。依其接受访谈日期为序，分别为：辜、汪、邱、唐。

辜振甫：今后大陆政策应由更高层次主导

"本报特派记者新加坡二十九日专访"

海基会董事长辜振甫今天强调，两岸关系涉及的层面相当复杂，将来的大陆政策并不是目前的陆委会所能完全主导，应由更高层次的机构掌握主导，才能有效执行大陆政策。

辜董事长指出，中共是一个非常特殊的谈判对手，我们对他们的了解不多，但中共对我们却相当清楚，中共对谈判事务有非常特殊的策略，因此，未来与中共交手时，必须保持高度的警觉性。

辜振甫董事长今天下午在结束"辜汪会谈"议程后，在下榻饭店接受记者访问。以下是访谈摘要：

问：海协会会长汪道涵在正式会谈第一次会议中，即提出两岸"三通"，你当时为何没有立即反应？汪道涵的做法是否超出你原先的预料？

答：两会在北京达成的议题项目共识中，原来就没有两岸三通的问题。他当时突然提出这些东西，或是主动表示对李先生（李登辉总统）问候，我是故意不答话的。在一般会谈的场合，不接话题的意思，就是不理会的态度，我当时就当作没听到他的话。

我在稍后的会面时也对他表示，这些话已经超出双方在北京达成共识的范围，我是不答话的。但是他则解释说："我只是提出我的意见。"

问：台商保障问题在会谈过程没有达成具体共识，你认为主要关键何在？

答：我们坚持争取台商权益保障问题应有明确的规范，但海协会方面则想要突破两岸经济交流会议的项目，双方都非常坚持，这是一个"给与不给"的问题。经过衡量之后，我们决定不给，这对下一次的谈判应较为有利。这是谈判策略方面的运用。不过，有关这项议题的讨论，我们自己也有盲点，我们既要别人保障台商，但对方认为间接投资无法保障，双方在这种分歧点上，就很难再继续谈下去。面对这种情况，该怎么办呢？

问：你曾经代表国家出席各种国际经济会议，或参加过各种经贸谈判，有何特殊体会？

答：以前不管是和日本、美国的谈判代表会谈，我与谈判对手几乎都认识，也相当清楚他们的背景，对执行谈判任务较为有利，即使是多边会谈，只要能清楚地掌握各国的立场、态度与看法，大都可以完成任务。但是，中共却是一个非常特殊的谈判对手，尤其，在两岸分裂的政治局面下，这种谈判的经验是史无前例的，谈判人员稍有不慎，往往动辄得咎。而中共的谈判人员所受的训练与我们完全不同，加上国内仍有不同意见，这次经验对我来说，我也是上了一课。

问：在你出国前夕，海基会此行的任务曾引起极大的争议，未来你认为应如何整合各方对大陆政策的歧见？

答：我觉得更多的讨论是有必要的，大家应该坦诚地进行沟通。中国人一向习惯含混处事，不追求真，两岸关系事务是相当重要的事，大家确实应加强沟通。

由于两岸关系牵涉的问题太复杂了，而且影响层面相当广泛，今后的大陆政策恐怕不容易再由陆委会来主导，应由更高层次的机构主导规划才能有效执行。

（台湾《中国时报》）

汪道涵：迈出历史性的一大步

本刊记者

"这次会谈的圆满成功，为推动两岸关系发展以及各种形式的商谈提供了十分有益的借鉴，是两岸关系迈出的历史性的一大步。"

这是世人瞩目的"汪辜会谈"的主角之一、海峡两岸关系协会会长汪道涵在接受本刊记者专访时的开场白。

"汪辜会谈"是海峡两岸授权的民间机构最高领导人的首次会谈。经过大陆海协与台湾海基会的共同努力，双方于4月29日上午在新加坡海皇大厦签署了《汪辜会谈共同协议》等4项协议。汪道涵会长是在签字仪式结束之后接受本刊记者专访的。

话题就从"历史性的一大步"说起。

汪道涵说，我们之所以对这次会谈的意义作此评价，首先是因为它适应了国际政治、经济形势和两岸关系发展的需要。我们很难想象，在50年代到70年代这一期间能实现这样的会谈。当今世界，对抗已经为和解所替代，而和解也正在逐渐迈进互利互惠的阶段。两岸关系也在这种背景之下得到不断改善和发展。然而，随着两岸民间交往日益频繁，两岸之间也产生了一系列问题。由于台湾当局对"三不"政策一时难以改变，为解决这些问题，两岸分别成立了海协和海基会这两个民间机构。一年多来，双方经过多次接触和反复磋商，认为解决两岸目前问题的最好办法就是坐下来谈，于是就有了"汪辜会谈"。海峡两岸从势不两立到坐下来谈，这是一个很大的历史进步。

其次，双方通过磋商，明确地将"双方均认为应加强两岸经济交流，互补互利"的内容写进《汪辜会谈共同协议》之中，这是1949年以来两岸第一次写入双方协议的内容。它意味着，自该协议生效之后，双方有碍经济交流的政策、措施都应该清理、取消，不能再人为地设置障碍，影响两岸经济交流；不仅如此，双方关于两岸经济互补互利的共识，将使两岸经济合作进入一个新的阶段。只有这样，中华民族才能在当今世界经济的激烈竞争中立于不败之地。

汪道涵说，这次会谈的圆满成功，至少可以给我们四个方面的启示。

第一，双方要有解决问题的诚意。只要本着互相尊重、平等协商、实事求是、求同存异的原则，两岸民间完全可以通过商谈解决有关问题。这次会谈签署的4项协议说明，海协成立一年多来总结出来的这16字原则是正确的。

第二，两岸隔绝了这么多年，对一些问题的讨论是需要时间的，不能期望靠一两次商谈就能解决所有的问题。双方都要有耐心，只要谈下去，多谈一次，就会多一点共识，少一点分歧，最终总能找到解决问题的妥善办法。即使有的问题短时期内解决不了，也可以通过商谈加深双方的理解和沟通，为最终解决问题创造条件。

第三，两岸从事务性商谈开始，不断地解决问题，为推动两岸关系的发展以及各种形式的商谈提供了十分有益的借鉴。这次会谈的整个过程说明，在一个中国的前提下，什么问题都可以谈，只要坐下来谈，一切问题都可以解决。层级越高，授权越大，解决问题就会越多、越快。

第四，这次会谈得到了绝大多数两岸同胞和海外华人华侨的大力支持，为双方解决有关问题增强了信心和决心。这一事实说明了加强两岸交往符合中华民族的共同利益，也符合绝大多数炎黄子孙的心愿。少数民进党人士会谈期间在新加坡所遭到的冷遇和尴尬处境，也从反面证明了这一点。

汪道涵说，两岸经济技术交流与合作是这次会谈的主要议题之一。我们对此的基本主张是：和衷共济、互补互利、共同繁荣、振兴中华。现阶段应当把两岸经济交流与合作放在两岸关系的首要位置上，政治歧异不应妨碍经济合作。

他说，我在会谈中提出"三通"问题，是因为两岸经贸交往发展至今，直接"三通"显得更为必要，应当摆上议事日程。需要提出的是，我不是说马上要解决大"三通"，而是小"三通"，可以先从货运的海上定点直航谈起。台湾方面认为这个问题目前还不成熟，我们表示可以等待。

汪道涵说，我们积极主张加强两岸经济技术合作，包括重视保护台商在大陆投资的合法权益。至于说希望将国务院颁布的关于鼓励台胞投资的22条规定变成法律，我认为，这22条行政法规的范围，根据大陆的法律体系，属于法律的组成部分。虽然不排除全国人大常委会将之变为法律的可能性，但就其目前的情况来看是具有权威性的，是对台商的正当权益有充分保障的。当然，对于海基会方面就此所提的意见和建议，我们会认真地向大陆有关部门转达。

汪道涵说，在双方会谈时，我们不仅有建设性的建议，而且提出了具体的合作项目。我们建议由海协与海基会，或两岸其他团体，就远洋劳务合作问题进行协商；我们欢迎台胞参加浦东、三峡开发建设；愿意在台湾缺乏的资源、能源方面与之进行长期稳定的合作。

对历史和经济发展战略有相当深入研究的汪道涵会长语重心长地说，我们的民族多灾多难，能够有今天的地位和成就十分不易。因此，为了中华民族包括二千万台胞的根本利益，两岸同胞应更具前瞻性地去面对未来，把握住国际发展的趋势所赋予我们中国人的历史机遇，以宽阔的胸怀向前看。

他进一步指出，大陆14年改革开放和经济建设的成就举世公认，去年12.8％的经济增长率震动整个世界。中共十四大确立了建设社会主义市场经济体制为经济体制改革目标，而且在八届全国人大一次会议上写进了宪法。以经济建设为中心的改革开放政策非但不会变，而且要继续深化改革，扩大开放。大陆经济发展的前景是好的。大陆的社会主义市场逐步发育、扩大，并且有望成为世界上最大的几个投资、消费市场之一。面对这样一个大市场、外国资本迫不及待地挤进来。即使台湾资金不进来，西欧、北美、东亚、东南亚各国的资金也要进来。我们希望两岸合作，共同繁荣大陆这个市场。这也有利于台湾经济的发展。

"汪辜会谈"是海协成立不久首先倡导并大力推动的。为了促成会谈的实现和圆满成功，作为海协会长的汪道涵付出了很多心血。在这历史性时刻，他内心有何感受呢？

沉稳持重的汪道涵先生沉吟片刻，一字一顿地说，所有的协议都是字面上的，重要的是今后的实际行动。

最后，他加重语气地强调说："有人注意到我们双方在有些问题上还未达成共识，这正说明签署协议并不是到此为止，恰恰相反，我们双方还须从此开始。"

（《瞭望周刊》）

邱进益："海基会应成立谈判队伍"

"本报特派记者新加坡29日专访"

"辜汪会谈"终于落幕，海基会秘书长邱进益也有如释重负之感。总结之次会谈的经验，他认为在谈判时有明确的政策最重要，如果政策摇摆，谈判的人怎么办。他强调，这次谈判时他是三面受敌，谈得怎么样都有人不满意，"坦白讲，根本是当炮灰。"

他也建议，未来还有更多的谈判，海基会应该成立谈判队伍，否则会愈来愈不如对方。

二十九日下午，邱进益在他下榻的旅馆里接受本报记者专访，坦率说明了他参与会谈的感想与心境。以下是访问内容：

问：请你先总结一下这次"辜汪会谈"的成果。

答：陆委会希望达成的几件事，我们大致都办到了。这些协议里，两会联系及会谈制度的建立是最重要的，因为如果有了这个管道，以后其他问题都可以这个管道解决。没有这个管道的话，问题的解决就推动不了。以前我们为了一件事，与海协会电传、电话来来往往要花好多时间，光敲定一个会面地点，就得耗掉不少时间，将来就不会这样了。

此外，我们所希望的是，在文教科技方面加强交流，我们一直想朝这方向做，他们却不愿配合，例如青少年互访、新闻界交流等。现在则是想把"辜汪会谈"开成功，所以对这些他们认为比较无关痛痒的议题愿意让步。还有像科技交流、电脑用字的统一等等，都是产业界很关心的事，五项我们想谈的议题都已确定在今年要谈，所以在实质交流部分，我们已经拿到了我们想要的。

问：你和海协会常务副会长唐树备从北京交手到新加坡，有没有觉得他的态度愈来愈强硬？

答：也不是强硬的问题，他有他的目的。他在北京想造成的印象，和他在新加坡想造成的印象不同，所以整个设计也不同。在新加坡，他要向国际媒体造成两岸双方已经坐下来谈问题的印象，所以在整个会谈中，他的谈话都不涉及政治，但在会外，却一天到晚政治放话，给人家一种我们有政治对话的印象。坦白说，他这个目的已经达到了。

在北京的时候，他要告诉大陆人民，台湾有个这么高层的人来了，而且那是个会前会，开不成就没有新加坡的会了。因为我们好不容易有机会去，所以千方百计让你觉得舒服。可是到了第三地时，他们老大心态就摆出来了，"不能输给你"，在国际上要让人家了解他才是代表中国，他们对统一交流有诸多要求，是台湾在反对抗拒。

所以就我的感觉，唐树备在谈判过程中没什么变，他对外放话时就不同了。记者只看到他的放话，所以觉得他变得强硬。

问：台商保障问题后来没谈成，你会不会意外？

答：这问题很复杂，我不能谈。你出来谈判，感觉到外来的压力，但问题是你本身有没有个政策？这才是重点。如果本身有个政策，你管他有没有压力？所以显然是你本身政策摇摆，本身政策摇摆的话，我们谈判的人怎么办？

所以我是三面受敌，要应付三方面，这种谈判怎么会愉快？我谈得怎么样都有人不满意，坦白讲，根本是当炮灰。

问：那你现在的心情怎样？

答：谈完就好了，天下事再重大也总有过去的时候，现在我如释重负。

问：这次谈判的经验，有没有给你对下次谈判的启示或教训？

答：这种会谈今年就有五个议题要谈，目前我要做的最重要事情，是把海基会的同事组织起来，成立个谈判队伍，否则会愈来愈不如对方，希望岛内能够支持。今年我们又要谈遣返、又要谈渔事纠纷、又要谈智慧财产权，牵涉得范围很广，要尽快组成谈判队伍。

问：对海协会提政治议题及放话，你的看法如何？

答：我们自己要先有个拿捏，是不是到目前这个阶段只谈事务性，不能谈政治性问题？对方谈政治性话题时，是不是只作消极回避而不作积极回应？他在外面放话，我听说了再讲，时效性已经很差了，而且到底我们是来讨论还是来辩论的，如果是来讨论的，就应该就事论事地讨论问题。所以没必要在放话上与他们较劲。

问：经过了这场谈判，你觉得海基会事先准备得够充分吗？

答：坦白讲，我们准备得很充分。是他们在耍小动作。例如汪道涵和辜先生的致词，事前我们讲好两天后才交换稿子，因为两位先生讲完后还要订正，结果他念完稿就告诉我们要发布，那个时候我们能阻止吗？

他提出"三通"，给人的印象是他在提政治性问题，好像我们在挨打。但辜先生讲得很清楚，他提政治性问题，我们就不接嘛！坦白讲，我没这种小动作的经验，下次谈判我就会知道了。据我在北平的谈判经验，我本来觉得唐树备不会这样做，那天他在记者会上讲台商的事与海基会无关，这是什么心态？所以我在记者会上骂他"没学问"，那你在北京为什么还要和我谈？

（台湾《中国时报》）

唐树备：关键是巩固成果、落实协议

从新加坡结束"汪辜会谈"归来，尚未洗净征尘的海峡两岸关系协会常务副会长唐树备，于5月初的一天，在海协他的办公室接受了记者的专访。带着因会谈成功的喜悦，唐树备详细叙述了会谈的由来、所取得的成果，以及对会谈的意义等方面的看法。他说，"这是两岸首次举行的民间机构高层负责人的商谈，达成了签署四个协议的成果，标志着两岸关系发展迈出了历史性的重大一步。迈出这一步后，关键的问题是巩固成果，落实协议"。

双方均感必要是会谈实现的基础

"汪辜会谈"的提出是海峡两岸关系协会成立后。1992年1月8日，成立仅二十天的海协致函台湾海峡交流基金会，邀请海基会董事长、副董事长、秘书长率团访问大陆。8月4日，汪道涵会长再次向辜振甫发出邀请，希望"就当前经济发展、两会会务问题，交换意见，洽商方案"。8月22日，辜振甫正式回函接受邀请。从那以后，"汪辜会谈"逐渐成为两岸的热门话题。

"汪辜会谈的出现并非偶然，首先，双方都感到有必要，这是会谈的提出和最终得以实现的基础。而这一基础的背景，则与世界经济形势的变化和海峡两岸交流交往关系的发展变化有关。"唐树备说，汪道涵会长在新加坡举行记者会时突出强调，世界经济正走向明显的区域化趋势，在世界经济格局的变动之下，同属一个民族的海峡两岸，加强交流与合作，发挥各自的优势，互补互利，必能提高竞争力，在国际竞争中发挥中国人的优势。这一点，已为包括两岸在内的越来越多的中国人所认识，甚至许多外国的政治家、经济家也都认识到这一点。

另一方面，这些年来两岸的交流与合作有了一定的规模，比如：人员往来方面，截至去年，台胞赴大陆累计已超过400万人次。经贸往来方面，两岸去年间接贸易额达到74.1亿美元；目前台商在大陆投资的企业约12000家，金额90多亿美元，而且台商投资的势头还在增加。两岸经济技术、文化方面的交流也有了较大的发展。

同时由于海峡局势的缓和与两岸交流的发展也带来了新的问题。比如，在台湾海峡上出现的走私、海上抢劫等犯罪行为，以及违反有关规定进入对方地区人员的遣返问题。这些问题不利于民众正当利益的保护和两岸交流秩序的建立。

因此，两岸双方都感到有些问题需要讨论并寻求共同解决。比如，台方关心台商投资大陆的权益保护问题；我们关心台湾当局放宽对台商投资大陆的限制，以及大陆经济界人士赴台访问问题；还有如何保护两岸民众的正当权益、建立两岸交流秩序，等等。

然而，辜振甫虽然接受会谈邀请，但会谈从提出到实现却花了一年四个月的时间。"主要原因出在台湾方面"，唐树备说："台湾方面把一些事情连环挂钩，影响了会谈的进程。他们把"汪辜会谈"与海协和海基会当时正在进行的两岸公证书使用和挂号函件查询补偿两个事务性商谈挂钩，希望先就这两个商谈达成协议后再举行汪辜会谈；同时他们又对两项商谈限定时间、地点，不愿在大陆，只愿在香港进行商谈。另一方面，我个人判断，台方的拖延态度与岛内形势发展有关。去年岛内举行所谓的'立委'选举，也许当局唯恐政局或人员有变动。所以直到选举结束，'行政院'改组完毕，今年4月份邱进益出任海基会副董事长兼秘书长后立即到北京访问。经过双方的努力，草签了两项事务性商谈的协议并确定了汪辜会谈的日期、地点和三项议题。"

四项协议既解决具体问题又关系长远发展

会谈结束后，海峡两岸都认为会谈是成功的，取得了令人满意的成果。海内外舆论也认为这次谈判结果是"双赢"，体现在哪些方面呢？唐树备笑着说，"双方都有诚意解决问题，互谅互让，自然可以取得较好的成果"。在海协看来，会谈明显的成果是签署了《汪辜会谈共同协议》、《两会联系与会谈制度协议》、《两岸公证书使用查证协议》、《两岸挂号函件查询、补偿事宜协议》。

"四个文件各有特色，但共同协议与两会会务协议具有更为长远而重大的意义。"唐树备说。

共同协议的重要意义在于，它确认了海峡两岸的经济应当加强交流、互利互补的原则，为今后两岸经济发展提供了指导。这是四十多年来双方第一次商谈合作问题，意义重大。此外，协议还确定了具体的交流与合作的项目，如：科技名词统一与产品规格标准化问题。这一问题很重要，有助于两岸电脑及其他科技产品的中文软件规范化，增加国际竞争力，意义深远。还有双方将就加强能源的开发与交流进行磋商，同意积极促进两岸文教科技、新闻、青少年等方面的交流。

两会会务方面的协议解决了海协与海基会两个民间团体联系管道的建立和畅通，搭起两岸沟通的桥梁，对发展两岸关系和两岸交流秩序化将是一座里程碑。根据协议，双方可以及时就某些问题进行商谈，以便找到解决的办法。因而这是一个在相当时间内起作用的互动协议。

公证书及挂号邮件方面的协议则比较具体地关系到两岸民众的权益。公证书问题涉及民众的结婚、死亡、继承、学历等证明，牵涉面广，海基会那里已积压了上万件各省市的文书，有的遗产继承人分居两岸，因为在大陆的继承人不被承认，连累在台继承人也无法继承遗产。挂号邮件协议也是事关民众切身利益。

不能要求一次会谈解决所有问题

这次会谈成果很大，但有的议题分歧也不小，主要是经济方面。关于台商在大陆投资权益及相关问题和大陆经贸界人士访台问题，双方协议将继续商谈。唐树备介绍说，我们认为，台商在大陆投资是得到保护的，大陆对台商投资的保护是有成效的，台商到大陆投资越来越多就是证明。当然，大陆的投资环境仍需要改善，我们愿意与海基会协商，愿意听取台商的意见。他们提出的意见，对的我们改进，不符合事实的，我们做出说明。

唐树备说，对于台商在大陆投资权益的保护问题，我们与海基会认识不同。海基会仅强调我方的责任，而对自己的责任认识不足。这是双方分歧的根本原因。我们认为，保护责任不仅仅在大陆方面，事实上，台商对台湾当局从政策上限制投资大陆的意见非常多，多于他们对大陆提供的优惠和保障的意见，对此台湾当局应有清醒的认识。所以，台方应采取措施，放宽限制，改变不合时宜的政策法规，让两岸投资随着经济规律而自然发展。

双方另一分歧在经贸双向交流方面。我们提出，台方应该放宽大陆产品进台，开放大陆经贸界人士访台，允许大陆厂商到台湾投资，共同筹开两岸经济会议。但台方仍不愿在这些问题上做出让步，仅同意就经贸界人士互访问题择地继续商谈。唐树备说，"有人认为大陆资金不够，根本无法到台湾投资，提出双向投资问题没有意义。但我们认为，这不是资金多少的问题，而是投资权利问题，大陆经贸界有得到这一投资机会的权利"。

对于台湾"行政院长"连战曾对汪道涵会长在会谈中提出直接"三通"应当摆上议事日程表示"遗憾"一事，唐树备说，"我们认为他是有立场的。他把三通加上了政治前提。实际上，三通作为经济问题同样是可以处理的。两岸经济上的交流与发展，步步牵涉到三通，人、货、钱、信息等等的往来，无一不需通邮通航通商的政策。如果把三通作为经济问题，则诸如飞机往来、货物往来等都可以一步步得到处理"。

无论如何，这次会谈是个很好的开始，不能期望一次会谈解决所有的问题。我们将与海基会继续就双方关心的问题进行商谈，多谈一次就会多一些共识，即使一时不能解决的问题，也有助于增进理解，为最终解决问题创造条件。

会谈意义重大，但关键在于落实协议

当记者请唐副会长对这次会谈的意义发表看法时，他笑着言简意赅地说："会谈所显示的意义，海内外已有很多的评论。我作为实际参与者，我认为这次会谈是两岸授权民间团体高层负责人的会谈，而且签了协议，对推动两岸的合作和两岸关系的向前发展都将产生重要的影响。江泽民总书记在5月6日会见台湾民营银行大陆考察团成员时评价说，会谈标志着海峡两岸关系发展迈出了历史性的重要一步。但正如总书记所指出的那样，我们希望会谈的成果得到巩固与发展。"

唐树备说，协议签订之后，重要的是执行，双方都要履行协议。海协将认真执行协议。协议中所牵涉的两岸交流以及双方将合作解决的问题等，涉及很多部门，海协力量有限，我们将在国务院台湾事务办公室的指导下与有关方面配合，以使协议得到很好的落实执行。我们在会上认真听取了海基会的意见，当场能回答的已当场作了说明，不能回答的也表示带回去研究。我们也向海基会方面提出我们意见，希望能得到重视和研究，以便在下一次商谈时，取得更多的共识。

至于台湾当局的一些高层官员在评论会谈时说"会谈凸显了两岸对等、分裂、分治的事实"，唐树备说，这次会谈是民间性的、经济性的、事务性的、功能性的，我们本着互相尊重、平等协商、实事求是、求同存异的精神来处理。希望对协商采取的方式不要加以政治性的联想。我们与海基会在协商过程中是互相尊重和平等的，但民间团体的协商与"政治实体"是两码事。我们坚决反对任何可能导致出现"两个中国"、"一中一台"或把台湾作为一个"独立政治实体"对待的言论和行动。

唐树备最后展望了两岸关系的发展，他说，在我们看来，国家一定要统一，但统一需要时间。当前海峡两岸应加强交流与合作，首先实现"三通"，这几年我们在推动两岸交流方面，工作是有成效的。实现"三通"的困难在台湾方面，台湾当局制定的"国统纲领"中规定了统一的目标。我们是赞赏的；规定了统一需要时间，要分阶段进行，我们也理解。但这个"纲领"中又把本应现在做的事情放到"第二阶段"去了，使之成为两岸关系发展瓶颈，如"三通"。"我个人认为，台湾当局这一政策不改变，两岸关系发展要出现根本的变化就有困难。但是，扩大并加速两岸交流已是大势所趋，人心所向，根据交流的发展来调整政策在海峡双方都是难以避免的。台湾当局即使想固守现有的政策也做不到，最终也是必须做出调整的。为了中国的统一，我们愿意听取一切赞成统一者的任何意见。"

（香港《紫荆月刊》）

港台新闻传媒对汪辜会谈评论很多，尤其是台湾，后续报道不少，本书谨撷取其中部分精彩片断，以飨读者。虽然观点不一，但可以从中窥见各方对会谈的心态之一斑。

两岸关系发展中"临界状态"

预定今天结束的"汪辜会谈"算是开得相当成功，除了某些客观上暂难解决的问题之外，基本达成了不少目标。

经过近几年的良性互动和这次的善意接触，海峡两岸关系可说进入了一种"临界状态"，处于："经济合作"与"政治和解"之间的可进可退的迷离境界，而且颇有可能相当长期地基本停留在这样一个境界，不进不退。

这一临界状态之出现，有多种因素和一段曲折而微妙的过程；而它之所以会维持一段相当长的时期，则主要因为通向政治和解的谈判之门仍未开启。不但大门未开，而且北京和台北双方都只是"心中有钥、手中无钥"。

北京心目中的钥匙是"由政党谈判"达成"一国两制"。台北心目中的钥匙是"由政府谈判"互相承认"政治实体"。

这两把钥匙的设计基本不同，而且似乎基本上都打不开大门上的那把锁。以现阶段的一个难题来说，直接"三通"（通邮、通航、通商）被台方列为"政治问题"，要在（国统纲领）所规定的"中程阶段"才可列入议程。大陆方面对此甚不同意，认为"三通"属于"经济实务"，应该可在"汪辜会谈"这种性质的会议提上正式议程。

很显然，双方对这问题的立场都有道理，因为"三通"本身乃是经济实务，但其所以成为问题则是由于政治形势。现在台北方面希望为了两岸经济合作的加强而签订个"台商投资保障协议",大陆方面则要"海基会得到政府首肯,在政策上让间接三通变为直接三通、单向投资变为双向投资",才可签订这协议。

但这"直接三通"的要求正面接触到台北(国统纲领)所设定的防线。台北的立场是,中共要先表示消除敌意、放弃武力攻台、不否定台湾为政治实体,才可将直接三通提上议程。这立场的核心概念是"对等政治实体"。海协会的副会长唐树备在新加坡表示:大陆不会接受这提法,因为它含义不清;"有主权的国家政府可称政治实体,没有主权的地方政府也可称政治实体,弄不好可能会被某些人用来分裂中国。"

台北的用意显然正是想利用这提法的"含义不清",先促成"两府谈判",而搁置"两个政府"的主权地位问题。如果以"一国两制"作为前提、以"两党谈判"代替"两府谈判",台北宁可拖延观望,不会贸然入局。

但大陆方面当然也绝不会为了早日把"直接三通"提上议程,而贸然接受"可被解释为两个地区政府进行对等谈判"的格局。所以,在汪辜会谈基本上顺利结束之后,两岸关系大概还只能相当长期地滞留在"经济合作"与"政治和解"之间的临界状态。在若干方面仍可取得经济性、实务性、功能性的进展;但进一步的突破还有待于各方面因素的变化。

(香港《明报》4月29日)

两岸会谈步步为营

海峡两岸的接触,无可避免地会涉及政治因素,以致在新加坡举行的"辜汪会谈",虽在会前已就有关事项达成共识,亦难免有波折,需要展延一天才结束,惟双方都希望这次历史性会谈取得一定成果,终能求同存异,打破僵局。

两岸都强调辜汪会面是民间组织的事务性和功能性会谈,但客观上却有浓厚的政治意义，事无大小都须从政治上去考量，使总结会谈成果的共同文件的名称，一度成为会谈的僵持点。台湾要求这文件称为"备忘录"，以求有较高的约束力，但是大陆则认为这名称有国际协议的含义，有违"一个中国"的原则，主张将文件称为"共同新闻稿"，台湾则认为这名称太不正式，没有约束力。不仅如此，有关文件内容的争论，亦是与政治有关。幸而大陆当然明白台湾基于岛内对中共仍存有相当的疑虑与恐惧，反对党又伺机而动的客观环境，对两岸这次接触自有较多的顾虑，较小的弹性，所以在最后关头不再坚持已见。

台湾目前的大陆政策，已由李登辉主导，负责两岸关系实际事务的机构，都有他的嫡系主管，"陆委会"的黄昆辉、焦仁和与海基会的辜振甫、邱进益和他关系的密切在台湾是众所周知的。这次新加坡会谈，不管名称如何，实际上是对李登辉政策的重大考验，对他来说是只许得分不能失分的，任何被台湾人民视为"有损两千万人利益"的事，都会损害他本人的声望以及国民党的前途。

国民党即将召开党代会和台湾县市长在年底举行选举，加深了李登辉对"辜汪会谈"步步为营的意识。国民党十四大势必票选党主席，现在看来李氏必可蝉联，然而得票率若不够高，就会打击他的威望。国民党在去年底立委选举受挫，县市长选举如不能"收复失地"，后果堪虑。台北当局绝不能在"辜汪会谈"中失分，其理至明，而且不但要避免民进党有机可乘，还希望提高国民党的声望。于是，对两岸经济交流会议，台湾就希望延至明年才举行，以免大批大陆人员到台北，给反对党作为攻击"国民党出卖台湾"的借口。汪道涵认为两岸"三通"应摆上议事日程，只是大陆一厢情愿，台湾本可若无其事，但是邱进益为避嫌，还是两次三番说明双方早已不同意"三通"问题。这一问题，亦使台商在大陆投资的保障，在会谈中不得不领成为意料中事。大陆是不会轻易放弃这一交换台湾让步的筹码。

无论如何，三天会谈会使两岸将来的经济与文化联系更加密切，并为更高层次的和解奠下基础。

（香港《星岛日报》4月29日）

汪辜会谈成果可喜

在新加坡举行的汪辜会谈，经过一番波折，终于有惊无险，签署了四项协议。本来双方还商定今年内讨论另外三项问题，其中一项是经济交流，海协会认为经济交流应该涉及"三通"，海基会则认为"三通"不在本次会谈讨论之内，因此辜振甫在汪道涵提及"三通"时，就不接话也不答话，于是会谈陷入僵局。

我们认为北京对汪辜会谈不应要求太高、操之过急，事实上经过四十四年隔阂，这次能够首次以民间协会方式接触，已经是难能可贵。在汪辜首次会晤，汪道涵就提出了江泽民和李鹏对李登辉和连战的问候，从台湾观点看来，已属出位，因此当时辜振甫也并未答话。"三通"问题则比个人问候更加敏感，触及台湾国民党人的神经线，但是辜振甫事后所说的"不在这次会谈讨论之内"，仍然留有余地，并没有说三通问题不能讨论，此次不列入议程，下一次或再下一次，也有可能列入。总而言之，不会再拖四十四年，我们的估计，四年也不需要，需两岸经济关系更趋频密，就无可避免会成为讨论范围。

综合汪辜会谈和达成的四项协议，基本上符合会前双方同意的"民间性、经济性、事务性和功能性"四项原则，四性中独缺的"政治性"，双方分歧还很大，一方希望突破，从而带动两党的接触和讨论，另一方则极力回避，因此要达成协议，避免前功尽弃会谈流产，就应该存异求同，这个由周恩来当日在万隆会议上提出的原则，可说是放诸任何谈判场合都无往而不利。

其实这次会谈不涉政治，也不能说是某一方的成功，或另一方的失败，因为两个民间组织，本来就有浓厚的政治性，辜振甫曾经是国民党中常委，汪道涵曾出任上海市市长（解放后这个中国第一大城市的首任市长就是陈毅），以及两人和国共两党最高层的密切关系，已经可以说明狮城会谈的重要性。

国共两党的共同语言，是一个中国，只要坚持一个中国，中国就只有统一而不会分裂，这是中华民族之大幸。无论两岸同胞和海外华侨华裔，都愿见中国最后能完成统一大业，也都不怕再等四十四年，我们认为只要两党有诚意，在既有合作又有竞争中努力发展经济，政治上的统一就指日可待了。

（香港《成报》4月30日）

"辜汪会谈"后的两岸关系

"辜汪会谈"落幕了。一个新的两岸关系正展现在我们眼前。如何掌握新时代的一切变数，使得台湾两千万人的福祉安全无虞，同时也让整个中国历史步入一个和解、繁荣的阶段，应是我们的历史任务。

回顾整个辜汪会谈的经过与成就，我们愿从几个不同角度提出我们的观察与期望。

第一，我们相信"辜汪会谈"掌握了极佳的时机。不必讳言，台湾未来的安全与繁荣系于与大陆相容、相辅、相助最后达到相融的关系。更要指出的是，任何大陆的政权，都不会放弃大中华民族的理念。或许我们有一部分人并不相信，也不一定接受这种理念，但不相信与不接受，并不能改变此一事实。我们今天作此论断，只是想指出此一形势之存在。

随着大陆经济力量的提升，武力的增强，已根本否定了任何世界巨强如美国，以武力保卫台海政治现局的可能。根据目前的估计，大陆的经济力量与武力在十年后将增强到可能为亚太区霸权的地位，正如台湾的现代化进展给予台湾人民以寻求更宽广的国际地位思想一样，更强大的大陆新一代人必然会有要成就中华民族大一统的"不世之功"的强烈愿望。这也是客观上会出现的历史形势。面对这种形势，我们如不趁持重的中共"老一辈"还掌控全局之时，先营造不必趋于极端的气氛，是十分理智的政策。因此，我们认为李"总统"此一勇敢的决策，其明智实可与蒋经国先生之开放对大陆探亲相媲美。

第二，"辜汪会谈"双方都表示了极理性的政治判断。从表面看，"辜汪会谈"成就有限，似与双方大敲锣鼓，各自派遣第一流重要人士与会的情况不相配。这正如蒋经国先生当年开放探亲一样，举动本身实不重要，重要的是双方各自赋予这次会谈以极高的政治意义，且藉由整个事务性处理的机会表达出极关重要的讯息。例如双方都极尊重"对等"原则，连坐位都互换过。我们也许能猜得到中共之拒绝不用武承诺是为了顾虑"台独"。而这次"辜汪会谈"中所表现的笑脸攻势，则意在让我们充分了解到只要在不走独立之路的前提下，中共是愿意与我们继续谈下去的，我们对此应有十分现实的认识。

第三，中共显然也想在"台独"思潮未有进一步发展前，开展两岸关系的新时代。必须了解，中共对台湾如非绝对必要，是不会用兵的。台湾的武力虽不是阻吓中共的主要因素，而美国的武力干预亦不复可能，但动武终究是危险且成本巨大的。惟中共对领土主权问题却十分僵化，不管是香港、西藏或新疆，中共完全否定任何分离的方式，包括"公民投票"在内。此一背景在两岸新关系开展后也不会改变。在此情况下，台湾与大陆关系的终极目标究应如何处理？也许时间会为我们找到最好的答案。但在时机未成熟前，为何不能保持现状？例如世界上若干邦联国家如英联邦中的加拿大、澳洲等均是可以参考的模式。两岸新关系是否有着向这个方向举步的可能？这就需要极高的政治智慧了。

第四，在"辜汪会谈"之后，国民两党的意识形态的冲突，有急遽升高的趋势。自"民进党组宣达团"赴新表达其反对谈判的态度后，他们势必将战线拉回"立院"，用议事杯葛的方式来对抗执政党的大陆政策。因此在可以预见的将来，"立法院"中争论的主题必将重回统独。然从现实面来分析，执政党不会在统一的终极目标上让步，而中共也必然会继续推销一国两制。在此情况下，台独主张者的得势只有挫折。现今双方都想在时机适当的现在，开展两岸新关系的努力。最后，有关两岸经贸关系的发展，在"辜汪会谈"中虽未能取得我们所期望的结果，但我们相信，今天两岸关系新时代中最主要的乃是营造可以进入互信、互谅的气氛，实务的逐步改善正是双方现在建立经常性接触管道的目标。

我们深盼，在新的时代中，大陆方面必须将这次在"辜汪会谈"中所已表达的对等、和善的态度作为今后处理两岸关系的主调。在我们这一边，则应该认清对立与排拒最后将招致灾难。这样，双方才能在以辜汪谈判为契机开始的"技术性"接触后逐渐演进成为双方营造和解气氛的转折点。

（台湾《中国时报》5月1日）

省思"辜汪会谈"后的经济影响

在新加坡举行的"辜汪会谈"已告结束。"辜汪会谈"对今后两岸间的经贸互动，将产生何种程度的正面或负面影响。此次会谈的结果，我方海基会与对岸海协会虽然签署了四项协议，然而，我方所提出的台商投资保障协定则未被对方接受，双方对相关问题各说各话。固然，来日两会仍有继续谈判的空间，但眼前所存在的事实及潜在的影响，则不容忽视。

台商在大陆投资为期不长，有关投资家数及实际总投资金额，政府权责部门都难掌握确实的数字。但可以肯定的事实是，到大陆投资的台商家数正继续增加中，投资行业也有所扩大，且投资地区也持续分散，因而，台商累积在大陆的资本，确实有增无减。尤其，如正面肯定"辜汪会谈"为今后两岸相关事务谈判的模式，且两会对于许多民间性经济事务将有更多协议的机会，则经常惯于抢商机的商人就会提前、乃至加速到大陆投资。这就至少会产生下列三项经济后果：

第一，两岸间的经济关系，由商人们惯称的"互补关系"转变成"竞争关系"。直到现在，台湾民间资本仍然过剩，大陆则拥有大量廉价劳工，且其市场经济亦正大幅扩张之中，继续结合两岸的有利条件，仍是商人们的大好商机。可是，由于劳工的移动性还低于资本，投资设厂就需迁就劳工，而把工厂设在大陆；更由于大陆当局对开放大陆市场仍有种种限制，短期内似无可能全面开放；因而，在大陆活动的大部分台商只好继续以加工出口为主要业务。这种经济模式当然有助于扩张大陆的出口产能，而所抢夺的，主要是台湾传统上存在的出口市场。投资热继续扩大后，因出口竞争关系的存在，彼长我消的情形就可能愈来愈明显，进而削弱台湾在投资保障协定的谈判上的力量。

第二，台商在大陆生产商品回销的压力会愈来愈大。全世界的贸易量及贸易金额都逐年扩大，是不争的事实，但一定期间的增加幅度，总是有其上限。台湾商人在两岸的投资活动，既然都是出口导向，在开始阶段固然仍能争得世界市场的一部分，但愈往后去，此种能力就会减弱。除非大陆当局开放市场，否则，在大陆的台商为争取生存空间，就会设法把产品回销台湾。尤其，在大陆的台商对台湾本地市场的情况原本就相当清楚，在世界市场出路困难之际，回销台湾，大抵是他们最有效的因应对策。倘若这种情形明显发生，不但会直接打击台湾的产业而且更会经由以商促政、以民迫官的效应，产生三通压力，投资保障协定的谈判筹码，就会愈形减少。

第三，台湾金融环境将更难掌控。众所周知，在大陆的台商仍多仰赖台湾提供周转金，对本土的金融市场免不了会产生扰乱作用。近两年来国内的资金紧俏情势，与此多少有关。今后在大陆的台商资本累积愈多，对台湾的资金寻求也会更殷切；从而，对台湾的利汇率水准及汇率，都可能会形成扭曲。而由于利率高低会影响投资意愿，汇率更会影响贸易及物价，凡此，都是经济发展的根本要素，一旦因金融环境不易掌控而过度被扭曲，对台湾的经济发展当然就大为不利。在此情形下，作为与大陆谈判后盾的经济力量，就会削弱。因此，在争取台商投资保障协定失败之后，执政当局（及陆委会）切勿以为今后仍有谈判空间，而再掉以轻心。事实上，在两岸经贸交流中，我方的筹码已不断流失。政府实应在吸收教训后，采取更积极的作为，下列两项措施即是迫切而重要的：第一，须更积极搜集、分析台商在大陆投资的资料，研判其对台湾经济金融的潜在影响。并且，在经济感受到不良影响之前，赶快采取因应对策，以免再减弱我方今后谈判的筹码。第二，着手研究要求大陆开放市场的方案。虽说大陆平均每人所得不高，因其人口众多，在经济开放以来，高收入人口已达相当数量——据估计，已有六千万人的平均年所得在美金千元以上。政府应设法为台商争取此潜在市场。如此，不但可以扩大我资金的出路，而且更可能因"内需型"产业赴大陆投资，而减轻在大陆的台商对台湾经济的不利冲击。

总之，在"辜汪会谈"之后，两岸间经济关系的相对变化可能加剧，且对台湾可能发生不良影响的成份居多。政府应慎重研拟可行对策，稗能顺利因应相继而来的冲击，尽量减轻其可能产生的负面影响。

（台湾《联合报》5月2日）

经济合作与整合是走向政治整合最有效的途径

备受关注及世人瞩目的"辜汪会谈"，经过二天的谈判，而于昨（二十九）日上午签署《辜汪会谈共同协议》，以及《两岸公证书使用查证协议》、《两岸挂号信函查询补偿协议》、《两岸联系及会谈制度协议》。同时于年内尚有五项议题要协商，即违反有关规定进入对方地区人员遣返及相关问题，有关共同打击海上走私、抢劫之犯罪活动，协商两岸海上渔事纠纷处理，两岸智慧财产权的保护，两岸有关司法机关的联系及协助，也列入共同协议中。此外，就文教科技交流方面，包括两岸青少年交流、互访，科技人员互访，新闻人员互访，科技名词统一，产品规格标准化，科技出版品及相关产业科技之交流均载入共同协议中。会谈至此告一段落。

这项具历史意义、历经半年多谈判商定，由两岸民间团体负责人所签订之《辜汪会谈共同协议》，对两岸人民交往有关之婚姻、继承及其他公文书信往来，可通过两岸官方公证、挂号信函遗失查询及补偿确立，这些与两岸民众往来相关权益均可获得保障。同时也放开海协会人士进入台湾的管道，有助于大陆地区人民对台湾实际情况的了解。同时也有助于海上走私、渔业纠纷、偷渡等犯罪案件之防止及解决。对科技、文化及青少年的交流，也可望扩大，以增进彼此的了解。因此，此次会谈可谓已获良好的效果。

此次会谈较令人感到遗憾的是有关经济方面的议题未能形成共识，但双方也都认为两岸经济交流是互补互利，因此，台商在大陆投资问题，两岸经济会议、大陆经贸人士访台等项目，由两会择期、择地再议。这也为日后进一步协商留下空间，可谓是启开谘商之门。

我们知道大陆经济之所以不振，实在是由于缺乏市场经济的观念。大陆自1979年开始改革开放，实施"市场经济"后，经济日益蓬勃发展，即是明显的例证。市场经济之可贵在于商品及资源可自由流通，通过流通（包括贸易与投资），可使资源的使用效率提高，使商品的使用价值增加。通过流通可提高及创造相互的福祉，如果货能畅其流后，则人能尽其才、地能尽其利、物能尽其用，经济自然得以成长及发展。过去由于两岸隔绝，使得这种流通效果无从产生，自大陆实施开放政策，台湾开放探亲后，两岸的经济、投资活动得以日益活络、增长。虽然也使双方蒙利而提升双方人民的福祉，但毕竟由于双方政治立场之不同，采取间接方式进行经贸往来，遂使流通效果大打折扣。也正由于往来密切，两岸对通过流通以提高双方经济效益之需要亦感迫切，始有建立谘商管道之议。

"辜汪会谈"最具争议，也是希望最殷切的，就是对台商保障问题，大陆认为廿二条对台商保障之行政命令即已足够，而台湾认为其中关于经贸仲裁在第三地及三十三种规费之摊派均不合理，不足以保障台商，要求签订"投资保障协议"及修改二十二条内容。大陆则以台商对大陆是间接投资及贸易，无立场谈判。

就现实条件论，大陆经济要突破发展的瓶颈，显然需借重外资与外力，而台、港与大陆的全面经济合作，是有效突破大陆经济发展瓶颈的可行之道。现在台湾及香港在大陆地区投资已占大陆外资的一半，但多集中于沿海地区。通过此次会谈所奠定的良好开始与基础，今后彼此能捐弃成见，致力于经济的发展，则必然能建立一个有效率的经济合作、分工体系，不但有助于台湾与大陆沿海的经济发展，更可将经济效益逐步地扩大至内陆地区，有助于大陆经济的全面发展。

经济合作与整合是走向政治整合最有效的途径。因此，加强两岸经济的交流与合作，不但是一项互利互惠的措施，更能有助于消除两岸四十余年来所存在的敌意。此次辜汪新加坡会谈只是启开合作的始点，今后尚有许多问题要协商，希望在未来会谈或解决问题时，双方都能以诚挚的决心与毅力，有时也需考虑对方的立场而有必要的妥协与让步。有如此的态度，我们相信任何困难的问题都能迎刃而解，我们也至盼未来的谈判均能有良好的成效，共为全中国同胞福祉而努力。

（台《中央日报》4月30日）